A VERDADE por TRÁS DOS ESPÍRITOS, MÉDIUNS E FENÔMENOS PARANORMAIS

RON RHODES

A VERDADE por TRÁS DOS ESPÍRITOS, MÉDIUNS E FENÔMENOS PARANORMAIS

Traduzido por Gleyce Duque

CPAD
Rio de Janeiro
2013

Título do original em inglês: *The Truth Behind Ghosts, Mediums & Psychic Phenomena*
Harvest House Publishers, Eugene, Oregon, EUA
Primeira edição em inglês: 2006
Tradução: Gleyce Duque

Preparação dos originais: Luciana Alves e César Moisés
Revisão: Alexandre Coelho
Capa e Projeto Gráfico: Josias Finamore
Editoração: Alexandre Soares

CDD: 230 - Cristianismo
ISBN: 978-85-263-0902-9

As citações bíblicas foram extraídas da versão Almeida Revista e Corrigida, edição de 1995, da Sociedade Bíblica do Brasil, salvo indicação em contrário.

Para maiores informações sobre livros, revistas, periódicos e os últimos lançamentos da CPAD, visite nosso site: http://www.cpad.com.br

SAC — Serviço de Atendimento ao Cliente: 0800-21-7373

Casa Publicadora das Assembléias de Deus
Caixa Postal 331
20001-970, Rio de Janeiro, RJ, Brasil

2ª Impressão Abril 2013 Tiragem: 1.000

Para Gary, Pat, Marsha, Brett, Mark e Rick

AGRADECIMENTOS

Gostaria de expressar meus sinceros agradecimentos à liderança e aos funcionários da *Harvest House Publishers* por sua contínua prontidão em publicar materiais apologéticos relevantes. Realmente fico muito grato por nossa parceria!

Meus agradecimentos também aos mais antigos da *Frisco Bible Church*, que deu apoio total e necessário em oração, enquanto escrevia este livro. Às vezes, minha impressão era de estar em meio a um total ataque frontal dos poderes das trevas, que, visivelmente, pretendia impedir-me de escrever, mas as orações dos santos prevaleceram!

Por fim, como sempre, agradeço muitíssimo a minha esposa, Kerri, e aos nossos dois filhos, David e Kylie, por suas incessantes orações e apoio. Louvo ao Senhor por esta família maravilhosa!

SUMÁRIO

ENCONTROS Secretos COM O "OUTRO LADO"

Patrícia e Andy Potter
Baton Rouge, Lousiana, 22h30

Patrícia e Andy colocaram seu irmão mais novo, Matthew, na cama e assistiram à reprise de uma comédia popular. Andy tinha uma entrevista de trabalho na manhã seguinte, por isso não queria ficar acordado até tarde.

Cerca de três horas e meia depois, exatamente às 2 horas da madrugada, um barulho acordou Patrícia. Ela correu imediatamente para o quarto de Matthew a fim de checar se estava tudo bem com ele, e logo constatou que estava em profundo sono. *Mas de onde vinha aquele som?* Eles ouviram como se fosse uma música vindo do corredor lá embaixo, na sala de estar.

O que de fato estava acontecendo?, pensou. Ela caminhou silenciosamente o quanto pôde, evitando fazer barulho de passos no chão. Depois girou bem devagar a maçaneta da porta, e gentilmente a empurrou. Seus olhos arregalaram-se quando viu o brinquedo de carrossel de Matthew, no meio do chão, girando e tocando aquela música. *Eu tenho certeza de que tudo estava desligado e as luzes, apagas quando fui para a cama*, pensou.

Patrícia desligou o carrossel, apagou a luz, e voltou para a cama, ainda perplexa com o que viu. Nada mais incomum aconteceu naquela noite.

No café da manhã, Patrícia perguntou a Matthew:

— Você deixou algum brinquedo ligado antes de ir para a cama?

— Não — disse ele.

Quando ela lhe contou que um de seus brinquedos estava ligado às 2 horas da madrugada, Matthew disse que talvez um amigo especial estivesse brincando com ele.

— Um amigo especial? Que amigo especial? — perguntou Patrícia.

— Às vezes, meu amigo especial vem ao meu quarto, e brincamos juntos. Eu não sei o seu nome ou onde ele mora.

Rick Henderson
Brooklyn, Nova York, 11 horas

Rick foi devoto da igreja durante anos. Dois meses atrás, sua fé foi abalada quando Sarah morreu de câncer. Eles ficaram casados por menos de cinco anos, e agora ela se foi. Por que Deus permitiu que isso acontecesse?

Numa manhã de sexta-feira, ele se dirigiu a um pequeno estacionamento, em um local próximo a um médium chamado Mandy Blue. Seu compromisso estava marcado às 11 horas da manhã.

Mandy era uma mulher de meia-idade, pouco notável na aparência, porém muito amigável. Ela o recebeu muito bem em seu escritório, e começou a sessão.

Mandy sempre preferiu passar os primeiros 15 ou 20 minutos de cada uma hora da sessão conversando com seu cliente, para ter uma percepção dele e de suas necessidades. Ela fez isso regularmente por 30 minutos na tentativa de se comunicar com seus entes queridos, e reservou os últimos 10 minutos para quaisquer questões que seu cliente pudesse ter.

Quando começou a conversar com Rick, sentiu imediatamente que seu coração estava batendo forte. Rick a informou da morte de sua esposa e de seu desejo de se comunicar com ela. Sua tristeza estava debilitando-o, e apenas queria falar com ela.

Sentindo-se um pouco apreensivo, Rich perguntou-lhe:

— Você é uma *médium cristã*, certo?

— Exatamente — disse Mandy. Acredito que minha habilidade paranormal é um dom do Espírito Santo e eu o uso para glorificar a Deus.

— Eu não quero fazer nada que não seja cristão — disse Rick com um olhar de

preocupação em sua face.

— Eu compreendo — disse Mandy, sorrindo de maneira tranqüilizadora. — Aprecio sua honestidade. Eu sei que a Bíblia nos adverte da falsa profecia, portanto, precisamos ser cuidadosos quanto a esse tipo de coisas. Por que não começamos, e então veremos se Deus abençoa essa sessão?

— Tudo bem — disse Rick. — O que devemos fazer?

— Bem, assim que conseguir me harmonizar à freqüência vibracional do mundo do espírito, quero simplesmente que você interaja comigo e fale quando eu fizer uma pergunta, então saberei se estou certa. Espero que sua esposa apareça, mas você precisa ser compreensivo. Às vezes, as pessoas que procuramos não aparecem, mas um outro alguém falará no lugar. Talvez um outro parente ou um amigo que tenha passado para o *Outro Lado*. Então, vamos começar?

— Ok — disse Rick.

Mandy colocou os dedos em sua têmpora e fechou os olhos por um momento. Logo depois, abriu os olhos e comprimiu-os:

— Estou sentindo uma escuridão ou uma sombra na região do seu peito. Existe algum tipo de câncer nessa região? — perguntou.

— Sim, Sarah morreu de câncer de mama — disse Rick.

— Estou sentindo um pedaço de jóia, como se fosse um círculo — disse Mandy. — Você tem... talvez... um anel, um bracelete, ou um colar de Sarah?

— Sim. Eu coloquei o anel de casamento no cordão e estou usando-o por debaixo da minha blusa.

— Ela sabe o que você faz — disse Mandy —, e sente uma profunda afeição por você por causa disso.

Com compaixão em sua face, Mandy continou:

— Estou sentindo através de Sarah que a coisa mais importante que ela deseja que você saiba é: ela está bem e gostaria que você não ficasse preocupado com ela. O amor dela por você continua do Outro Lado. Estou sentindo que Sarah deseja que você viva intensamente. Quando chegar o seu dia de passar para o Outro Lado, ela estará esperando por você.

Rick começou a soluçar involuntariamente por algum momento.

Ele conseguiu se recompor, e nos próximos poucos minutos sentou-se em silêncio na cadeira, fixando seu olhar no chão. Ele sentiu que a sessão estava chegando ao final, e não tinha qualquer sombra de dúvida a respeito de Mandy. Então, fez um cheque no valor de 400 dólares referente à taxa da sessão, e foi para a casa refletindo sobre a mensagem de Sarah transmitida por Mandy.

Mark e Amy Chadoworth
Sedona, Arizona, 18h45

Mark e Amy estavam dirigindo o dia todo desde Waco, Texas, em direção a Anaheim, Califórnia, onde visitariam a Disneylândia. Esta seria umas férias e tanto para se lembrar!

Ao chegar em Sedona, Arizona, decidiram parar por um dia. Eles pretendiam ficar em um hotel da cidade, mas de repente encontraram uma hospedagem com direito a café da manhã, e então resolveram ficar. Após fazerem os ajustes necessários com o proprietário, Mark puxou a bagagem para o seu quarto, enquanto Amy demorou-se olhando detalhadamente o resto da casa.

Mark olhou de maneira muito atenta para a sala e ficou impressionado. Eles fizeram uma boa escolha. Ele não havia notado o quanto a cama era maior do que parecia. Ela estava adornada com um acolchoado e dois grandes travesseiros macios. Parecia confortável. *Dormir seria uma noite agradável!*

Mark retirou algumas coisas de sua mala e colocou-as na cômoda. Quando retornou novamente à cama, congelou. Momentos antes, ela estava arrumada e macia. Agora, um dos travesseiros estava com um espaço exatamente do tamanho da cabeça de alguém, e o contorno de um corpo estampado na colcha. Parecia que alguém invisível esteve deitado ali.

Um toque à porta assustou Mark. Ele caminhou em direção à porta e abriu-a. Assim que Amy o viu, ela disse: "Querido, o que foi? Parece que você viu um fantasma". Mark pegou-a pelo braço e arrastou-a para a cama, que agora estava perfeitamente normal. Nenhum espaço qualquer. Mark percorreu suas mãos sobre a superfície da cama com um olhar de espanto em sua face. Quando explicou o que tinha acontecido, Amy parecia incrédula, e sorrindo disse: "Querido, você precisa de uma boa noite de sono". O semblante de Mark caiu. Ele coçou sua cabeça.

Eles foram para a cama por volta de 23 horas. Apesar de Mark não ter visto nada mais de extraordinário durante a noite, ficou ansioso. Haveria algum tipo de presença dentro do quarto? Ele dormiu espasmodicamente a noite toda; às vezes, sentando-se para olhar ao redor do quarto. Não via a hora de sair daquele lugar.

No café da manhã do dia seguinte, o desapontamento de Amy. Mark colocou o Sr. McMufphy a par da situação enquanto servia os ovos, lingüiça e rabanada. Mark deu sua própria interpretação da experiência, pretendendo que eles se divertissem com a idéia do invisível visitante. Sem piscar os olhos, o Sr. McMurphy respondeu: "Oh, talvez você tenha visto minha tataravó Emma. Ela morreu dormindo naquele quarto muitos anos atrás".

Lee e Grace Clancy
Los Angeles, Califórnia, 13 horas

Lee e Grace se dirigiram a uma casa no final de uma rua sem saída. Uma médium que freqüentemente era anunciada no tablóide local de Penny Saver morava ali. Seu nome era Penny Watts.

Lee marcou uma entrevista com ela porque estava em uma situação emocional desesperadora. Ele lutou com sentimentos de culpa e depressão, e era atormentado pela morte de sua mãe.

Seis meses antes, Lee dirigia o carro até a casa de sua mãe e a encontrou inconsciente. Ele a levou para a emergência de um hospital, e logo depois, os médicos o informaram de que sua mãe havia sofrido uma grave pancada no cérebro. Por causa da falta de oxigênio, os monitores não mostravam atividade no cérebro. Ela só estava viva com o auxílio de aparelhos.

No decorrer da semana, ela permaneceu nessa condição sem nenhuma mudança. Lee orou e esperou por um milagre, porém sua condição não melhorou. Deitada, ela dorme e respira através de tubos — um em sua garganta e outro intravenoso em seu braço —, e vários fios acoplados em seu corpo através de monitores. Ele segura a mão de sua mãe e conversa com ela: "Mãe, o que devo fazer?"

Sua mãe foi eventualmente transferida da unidade de tratamento intensiva para uma das salas normais acima do hospital. As enfermeiras monitoravam de modo cuidadoso sua condição. Esse quadro permaneceu o mesmo durante as próximas semanas. Os médicos começaram a sugerir que Lee logo precisaria tomar uma decisão.

Pouco tempo depois, após falar com sua esposa, alguns amigos mais chegados e o pastor da igreja local, Lee tomou a difícil decisão de desligar os aparelhos em conseqüência da morte cerebral de sua mãe.

Foi tudo muito rápido. Minutos após, o equipamento que a mantinha viva foi desligado e ela se foi. Seu coração parou de bater. Seus pulmões pararam de respirar. Lee abraçou-a enquanto chorava.

A partir desse momento em diante, ele lutou com fortes sentimentos de culpa por essa decisão. Será que um milagre poderia ter acontecido se simplesmente esperasse por mais uma semana? Será que sua mãe agora estaria viva se não tivesse seguido as instruções dos médicos? Teria ele feito uma escolha errada ou feito a escolha muito cedo?

Para piorar sua situação, alguns parentes de sua mãe não aceitaram a decisão de Lee. Os meses se passaram. Sua culpa de maneira muito penosa apenas aumentava.

Penny Watts recebeu com cordialidade Lee e Grace em sua casa. Eles se assentaram na poltrona da sala de visitas. Lee explicou tudo acerca de sua mãe, e Penny mostrou-se sinceramente empática. Ela expressou espontaneidade para fazer tudo o que podia fazer.

A sessão começou. Penny fechou os olhos por alguns momentos enquanto entrava em sintonia com o mundo dos espíritos. Ela fitou os olhos em Lee e disse com segurança:

— Vejo dois espíritos de mulher em você. Elas são da linhagem de sua família, ambas mais velhas que você. Sua avó já passou desta vida?

— Sim — disse Lee. — Ela morreu de ataque do coração há alguns anos.

— Ok, disse Penny. — Elas duas estão aqui com você.

Lee começou a chorar.

— Eu também estou sentindo a figura de seu pai com sua mãe e avó. Ele também já morreu?

— Sim.

— Ele morreu recentemente, não foi? — perguntou Penny.

— Não, ele morreu sete anos atrás — disse Lee.

— Certo — consentiu Penny.

— Ele morreu de ataque do coração?

— Não — disse Lee, apertando os olhos. — Ele morreu de câncer no pulmão.

— Certo, as coisas parecem um pouco confusas acerca de seu pai. Não se preocupe.

Penny deu uma pausa por um momento, e depois disse:

— Sinto fortemente sua mãe aparecendo e tentando falar com você que está tudo bem.

— Ela quer que você pare de se sentir culpado, pois sabe que você fez tudo o que podia ter sido feito. Ela está em paz e deseja que fique em paz também. Tudo está bem.

Lee chorou em silêncio enquanto Grace o abraçava.

Todos permaneceram em silêncio por alguns minutos. A sessão chegou ao final.

— Lee, sinto-me bem acerca disso. E você? — perguntou Penny.

Lee acenou a cabeça positivamente.

Ele preencheu um cheque para pagar a taxa de 250 dólares por meia hora de sessão e foi embora com Grace.

Karen e Gary Holmes
Seattle, Washington, 3h23min

"Corri desesperadamente para a minha cama. Um medo primitivo apertava o meu coração. Sentia uma espécie de medo repentino, mas não sabia por quê. Achava que ouvia algo.

Meu coração estava batendo muito forte. Algo estava errado. Na ocasião, congelei.

Queria respirar profundamente, porém estava com tanto medo — tão concentrado em ouvir, tão desejoso de não ser descoberto por um intruso desconhecido — que respirei silenciosa e deliberadamente. Nesse processo, minha respiração começou a diminuir, enfraquecendo meus pulmões. Decidi, então, respirar nem muito forte nem alto demais, a fim de não ser descoberto.

Por que meu quarto estava tão frio? E o que era aquele cheiro?

"Gary", tentei lhe dizer, esperando meu marido acordar. Eu era incapaz de falar. Minha voz estava sufocada pelo medo. Meu pânico aumentou. Senti-me paralisada — totalmente petrificada. *O que estava acontecendo?*

Um profundo e sufocante medo tomou conta de mim; eu sentia como se estivesse sendo vigiada. Era um sentimento intuitivo. Pude sentir algum tipo de presença próximo a mim. Permaneci congelada e esperei em silêncio. *Eu precisava respirar.*

Minha visão periférica de repente detectou um movimento à minha esquerda, onde a porta do quarto se abriu em direção ao corredor. Por favor, Deus, ajude-me. Alguém — *alguma coisa* — passou pela porta?

Olhei vagamente para a escuridão, meu coração batendo forte, meus pulmões gritando por oxigênio. Eu estava temeroso de piscar meus olhos. Instintivamente puxei o cobertor mais próximo ao meu rosto. "Gary", tentei dizer novamente. Minha voz, ainda chocada pelo medo, permaneceu em silêncio.

De repente, ligaram um carro próximo à estrada, e os seus faróis iluminaram brevemente a sala. Minha garganta contraía à medida que eu via uma imagem coberta no manto escuro permanecendo no corredor, emergindo dentro do quarto. Essa pessoa — *essa coisa, esse predador que semeou a maldade emanada* — estava simplesmente lá, fixa. Eu não vi um rosto, mas o que estava debaixo daquela coberta parecia vazio, talvez transparente.

Eu não tinha tempo para analisar as coisas, nem para maquinar um plano de ação. Com o aumento de adrenalina correndo em minhas veias, gritei com todas as minhas forças. Gary empurrou violentamente, movimentando-se para direita, derrubando tudo na mesa de jantar, sacudi a lâmpada, e olhei para mim com olhos suplicantes.

"O que aconteceu?", ele perguntou.

Eu não podia responder. Segurando o cobertor próximo ao meu rosto, chorava. Eu estava com meus olhos fixos no vão da entrada, e a figura se foi. Ele — *isso* — desaparecera.

As histórias que você acabou de ler são ficções. Entretanto, quando as escrevi, tinha certeza de que elas eram fiéis aos vários tipos de experiências que as pessoas afirmam ter passado na vida real.[1] Essas pessoas estavam convencidas de que tinham um encontro com o "outro lado".

Histórias extraordinárias como essas são mais comuns do que você imagina. Já me deparei com centenas de histórias como essas à medida que realizava as pesquisas para este livro.

Com base nessas pesquisas, estou seguro de dizer que em algumas áreas de nossa sociedade, o paranormal passou a ser o normal. Entretanto, dez milhões de pessoas rejeitaram o cristianismo e o substituíram por crenças em fantasmas, espírito-guia, fenômenos paranormais, experiência fora do corpo, e outros tipos. Os médiuns em geral são comunicadores de mensagens através desses espíritos de entidades que contradizem ostensivamente os ensinamentos da Bíblia.

Os cristãos não precisam ficar temerosos. Todavia, não devemos ignorar o avanço desses estranhos fenômenos. Em vez disso, podemos olhar atentamente o que está acontecendo e descobrir o que a Bíblia tem a dizer acerca de tudo. Portanto, convido você a apertar o cinto e seguir-me numa viagem através do estranho mundo paranormal e do ocultismo. Até terminarmos, você estará muito mais ciente do que está de fato acontecendo em nossa sociedade — e o que está por trás disso!

1

PARANORMAL: UMA COISA NORMAL?

O paranormal tornou-se normal entre certas áreas das religiões demográficas na América. Uma recente pesquisa da *Gallup*, por exemplo, revela que 32% dos americanos acreditam em algum tipo de atividade paranormal.[1] A mesma pesquisa revela que 38% dos americanos acreditam em fantasmas ou em espíritos que podem voltar para nos visitar. Vinte e oito por cento dos americanos acham que as pessoas podem falar ou se comunicar "mentalmente" com os mortos.[2]

O espiritismo — religião em que os mortos se comunicam com os vivos — não está mais limitado à periferia de nossa sociedade. O ocultismo não é mais uma idéia brilhante. Brookss Alexander, um dos fundadores do *Spiritual Counterfeits Project*, em Berkeley, Califórnia, sugere que "o espiritismo passou para o outro lado do sobrenatural, para o normal e o terreno. De forma tranqüila, mas convincente, os designados [que são os espíritos vindos do 'outro lado'] têm servido de orientação àqueles que pretendem planejar nosso futuro".[3]

Bill O´Reilly, o apresentador do programa de televisão *The O´Reilly Factor*, diz que a vida após a morte é atualmente um grande negócio. "É um grande negócio na América — livros, CD´s, conferências —, e 65% dos americanos afirmam de fato acreditar em vida após a morte".[4] Infelizmente, esse interesse pela vida após a morte tem levado muitos a procurar um contato com aqueles que estão do "outro lado". Para comprovar essa escala de interesses, o médium John Edward — não confundir com o político John Edwards — tinha um programa de televisão, *Crossing Over*, com transmissão em 210 canais de TV, transmitindo 98% dos Estados Unidos.[5] Da mesma forma, superior a década passada, o horário nobre dos médiuns paranormais de hoje — John Edward, James Van Praagh e Sylvia Browne — apareceram no *Larry King Live* no mínimo vinte vezes.[6] Browne também tem um programa semanal no *The Montel Williams Show*.[7]

Seria muito convincente achar que somente as pessoas incultas acreditam em tais idéias. Este não é o caso, entretanto. Um estudo conduzido pelo Dr. Bryan Farha, da Oklahoma City University, e pelo Dr. Gary Steward Jr., da University of Central Oklahoma, descobriu que à medida que os estudantes progridem durante os anos no colégio, tornam-se mais propensos a acreditar em conceitos paranormais. Mais especificamente, eles descobriram que enquanto 23% dos calouros acreditam em conceitos paranormais, 31% dos veteranos e 34% dos estudantes formados crêem em tais conceitos.[8]

Muitos professores acreditam em percepção extra-sensorial, freqüentemente associadas com o paranormal. Um estudo feito com 1100 professores de escola descobriu que 34% dos psicólogos, 55% dos cientistas naturais, 66% dos outros cientistas sociais e 77% dos professores em áreas humanas acreditam em percepção extra-sensorial como um fato estabelecido ou uma provável possibilidade.[9]

O sobrenatural tem feito uma vasta invasão entre os adolescentes de nosso país. No começo do ano de 2006, *George Barna* conduziu uma pesquisa que revelou que 73% dos jovens americanos participaram de atividades paranormais e/ou feitiçaria. Mais de um quarto já brincou de jogos de ocultismo. Um terço já participou de uma sessão espírita, na tentativa de entrar em contato com os mortos. Oito por cento já tentaram lançar feitiços ou misturou porções de feitiços. Trinta por cento já participaram de leitura de mão e 27% tiveram sua sorte adivinhada.[10]

Barna também descobriu que 70 milhões de adolescentes alegam ter encontrado pessoalmente um espírito de entidade, tal como um anjo, um demônio, ou outra entidade espiritual. Dois milhões alegam que possuem poderes paranormais. E surpreendentemente entre os adolescentes membros de igreja, 28% disseram ter ensinado alguma coisa na igreja a fim de ajudar a formar sua visão de mundo espiritual.[11]

O Paranormal em Hollywood

O paranormal parece ter tomado conta de Hollywood. Um forte indício é que a rede de comunicações produziu 14 programas com temas sobrenaturais entre 2005 à 2006 no canal de TV. Os filmes também pegaram carona com o paranormal. O jornal *John Hopins* propôs que: "Basta somente uma única olhada nos documentários populares, programas de televisão, livros, e filmes que exploram o mundo dos espíritos para ver um público devotado ao paranormal".[12]

Programa de TV Paranormal

Medium é um programa de TV muito popular. Esse quadro retrata uma mulher, interpretada por Patricia Arquette, que é uma médium investigadora da procuradoria oficial do distrito do Arizona. Ela pode supostamente falar com pessoas mortas, ver o futuro em seus sonhos e ler os pensamentos das pessoas. Ela usa seus "dons" para resolver violentos e horripilantes crimes.

Ghost Whisperer é uma outra série, estreada por Jennifer Love Hewitt. Ela interpreta uma mulher que ajuda pessoas mortas a entregar mensagens aos entes queridos que estão vivos, possibilitando-os a finalmente encontrar paz no "outro lado". Em uma entrevista, Hewitt disse que achou o Hollywood Forever Cemetery um lugar calmo para se visitar: "Eu queria saber quem eram essas pessoas, como morreram e quais foram suas histórias... Olhei para elas na esperança de que estivessem em paz e não tivessem nenhum negócio inacabado".[13]

Em *Ghost Whisperer*, os espíritos, através de Hewitt, interagem com os vivos, porque supostamente tinham negócios inacabados que os impediam de partir para o outro mundo. Hewitt procura ajudar as pessoas que encontra — seja morta seja viva — e resolve o desfecho emocional. Nesse episódio, um pequeno garoto que morreu por ter desobedecido à mãe recusou-se a partir, até que ela lhe dissesse que estava perdoado. No final, os telespectadores parecem melhor e confortados acerca dessa comunicação entre a vida e a morte. O show de fato desperta as mais profundas emoções. Hewit diz que as pessoas se preocupam quando morrem: "Tudo se acaba e você não pode dizer isso. Nós tentamos dizer em nosso show que talvez você continue por algo novo".[14]

Enquanto estudava seu papel, Hewitt teve uma leitura mental com o famoso médium paranormal James Van Praagh. Hewitt acredita que ela era capaz de fazer contato com sua amiga, Allen, que morreu quando estava com 12 anos de idade.

De maneira interessante, *The Hollywood Reporter* revela que o produtor de *Ghost Whisperer*, John Gray, não tinha nenhuma experiência com o paranormal — pelo menos até estender o programa para o próximo show:

> Gray estava simplesmente tentando se mudar para uma nova casa em Nova York, quando ele, sua noiva e sua filha começaram a ouvir barulhos na casa — tal como um som de mobília se movendo no sótão ou como alguém subindo e descendo as escadas. As luzes acendiam aleatoriamente, e num instante um jogo inteiro de peças de quebra-cabeça desmontou-se sozinho.[15]

Gray disse: "Foi a mais íntima experiência com o sobrenatural que já tive".[16] Ele finalizou aproveitando os serviços da médium que trabalha como consultora do show, e ela o informou de que dois espíritos estavam vivendo naquela casa onde preferia o proprietário a Gray e sua família. A médium supostamente persuadiu os espíritos a "atravessar para o outro lado". Então, os fantasmas pararam. (Avaliarei biblicamente essas questões mais adiante no livro.)

Será que Gray acredita em fantasmas agora? "Tentei ser compreensivo — é uma arrogância dizer que isso é impossível... Existe muito mais lá fora do que imaginamos, e existem coisas que não podemos explicar. Acho que certamente isso é verdade".[17]

James Van Praagh é uma força por trás dessa corrente pletora de shows paranormais. O *New York Daily* expressa isso muito bem:

> O médium James Van Praagh conseguiu sempre uma boa vida afirmando ver pessoas mortas. Mas ele conseguiu um espetacular sucesso com sua habilidade em prever como a audiência de televisão poderia subir através da programação sobre os fenômenos paranormais, casas mal-assombradas e outros encontros sobrenaturais. Ele está canalizando esforços para fazer temas de shows assombrados materializando diversos canais.[18]

Van Praagh, um dos autores de livros mais vendidos sobre comunicação com os espíritos de entidade, é o produtor executivo do *Ghost Whisperer*. Muitos dos episódios são baseados em casos de vida real interpretado por seus personagens. Ele se orgulha de predizer o surgimento do interesse dos fenômenos paranormais alguns anos atrás no *Larry King Live*, bem depois da liberação do filme *O Sexto Sentido*. "O que é tão surpreendente", disse ele, "é como isso se tornou muito mais aceitável na tendência atual, onde você vê mais e mais desses tipos de shows".[19] Ele diz que o cenário de TV tornou-se uma verdadeira cidade-fantasma atualmente — o que significa que o interesse pelos fantasmas está em toda parte de Hollywood.

Um outro show de TV é *Ghost Hunters*, que é transmitido pelo canal *Sci-Fi*. Essas séries realísticas retratam uma equipe de investigadores paranormais, da ilha de Rhodes, que viajam para supostos lugares assombrados nos Estados Unidos e tentam juntar evidências de atividades fantasmagóricas. Esses investigadores utilizam equipamento *high-tech* como câmeras infravermelhas e gravadores digitais. Dave Tango, um dos atores do *Ghost Hunter*, faz disso uma afirmação:

> Não existe dúvida de que há algo lá. Existe algo de outro plano na terra onde eles vivem... Imediatamente, tudo o que temos é alguma energia sobrenatural e ocorrências que não podemos explicar, mas acredito que mudará em poucos anos. Acre-

> dito que em poucos anos, poderemos ser capazes de provar cientificamente que fantasmas existem.[20]

Existe ainda outro show de TV, *Dead Tenants*, transmitido no canal The Learning. Nesse show, médiuns, intuitivos espirituais, caçadores de fantasmas e ocultistas ajudam proprietários com problemas de espíritos indesejáveis e outras atividades inexplicáveis. Um médium no show disse: "Não é que estamos tentando nos livrar dos fantasmas... Somos mais do que assistentes sociais. Nós vemos por que [os espíritos] estão lá".[21]

As investigações paranormais se empenham a favor dos proprietários que sentem que estão sendo atormentados por fantasmas, em um especial ritual de "limpeza" que supostamente coloca os espíritos em paz.

A fim de manter esta onda de interesse no paranormal, o canal The Biography transmite um *reality show* chamado *Dead Famous: Ghostly Encounters*. Esse show apresenta uma dupla feminina cética juntamente com um médium como se eles perseguissem os espíritos de pessoas famosas falecidas tais como Frank Sinatra, Marilyn Monroe e Jim Morrison.

Até mesmo o Travel Channel embarcou do fenômeno fantasmagórico, apresentando o popular *American´s Most Haunted Places* e *Haunted Hotels*. O show apresenta uma equipe de investigadores que viajam por vários lugares da Europa à procura de fantasmas.

A Court TV apresenta um show popular chamado *Psychic Detectives*, o qual relata casos da vida real cujos policiais e médiuns trabalham juntos. O sucesso desse show tem motivado a Court TV a estrear um outro show intitulado *Haunting Evidence*, onde uma dupla de paranormais, um médium e um perito forense especialista visitam várias cenas de crimes assombrados. Unindo os seus esforços, eles buscam trazer novos *insights* para "casos frios" e talvez ajudar a encontrar uma solução final para os familiares das vítimas.

Um último TV show de notável referência é *Ghost Trackers*, transmitido no Canadá. Nesse *reality show*, as crianças competem para se tornar o insuperável "fantasma *master*", investigando as atividades paranormais em diversos lugares assombrados. Os vencedores passam para competições subseqüentes.[22]

Por que shows como esses são tão populares? Van Praagh apresenta sugestões como estas: "Milhões de pessoas estão acreditando na vida após a morte. Elas estão procurando por outros sistemas religiosos para lidar com o mundo ao redor delas, e querem descobrir o que isso tudo significa".[23]

Filmes Paranormais

O paranormal tem se tornado totalmente popular na maioria dos filmes cinematográficos. Embora muitos dos filmes retratarem fantasmas em toda parte das histórias de Hollywood, *Poltergeist* trouxe o paranormal para dentro da tendência atual na consciência da América.

Polter é uma palavra alemã que significa "ruído" ou "estrondo". *Geist* também é de mesma origem e significa "fantasma" ou "espírito" — um espírito que invade casas se movendo e manipulando objetos inanimados. O filme, produzido por Steven Spielberg nos meados de 1980, retrata uma família sendo aterrorizada por uma invasão *poltergeist* em uma casa construída em cima de um cemitério.

Ghost foi uma outra grande produção paranormal. Patrick Swayze é um jovem que repentinamente perde a vida, mas sua alma permanece na terra por tempo suficiente até resolver o mistério de seu assassinato. Ele tenta entrar em contato com sua namorada, interpretada por Demi Moore, e no decurso ambos se encontram numa sessão espírita com a "realidade" de ser um verdadeiro espírito vivo.

A cobertura da história na revista *Body, Mind & Spirit* (Nova Era) destaca uma entrevista com o escritor e diretor do filme, Bruce Joel Rubin. Ele diz: "*Ghost* foi importante e nos despertou poderosa e apaixonadamente para quem de fato somos como criaturas multidimencionais. Essa descrição da morte e do astral do mundo exala mágica para dentro de nossas vidas diárias".[24] Os ocultistas acreditam que o astral do mundo é uma dimensão espiritual ou o nível de vida que simplesmente repousa no mundo físico. (Falarei sobre isso mais adiante neste livro.) *Ghost* foi um dos filmes mais peculiares de todos os tempos e tem sido um incrível e poderoso veículo promocional para o paranormal.

Em *O Sexto Sentido*, Haley Joel Osment interpreta um problemático e isolado garoto que afirma ver pessoas mortas. No final do filme, o garoto tenta ajudar algumas dessas pessoas mortas a lidar com problemas mal resolvidos a fim de que fiquem em paz. O filme ganhou mais de 672 milhões, ficando em 22º lugar na lista dos maiores filmes lucrativos de todos os tempos. A frase "Eu vejo pessoas mortas" tornou-se uma das mais populares depois do lançamento do filme. A famosa paranormal Sylvia Browne, seu filho paranormal e sua neta de sete anos de idade, Angelia, foram ver o filme, e Browne comentou: "Nós apreciamos como uma de nossas realidades diárias foi retratada tão corretamente". [25]

Vozes do Além também foi um outro filme de sucesso. Quando um rádio ou TV era ligado, mas não sintonizava no canal, alguém ouvia "vozes do além". Os ocultistas acreditam que os espíritos podem se comunicar com pessoas vivas através das vozes do além. Essa forma de comunicação é conhecida como EVP — Fenômeno de Voz Eletrônica. No filme, um arquiteto chamado Jonathan sofre pela morte recente de sua esposa. Um perito paranormal se aproxima dele com uma alegação incomum: tem a capacidade de ouvir sua esposa do outro lado através das vozes do além. Jonathan subseqüentemente fica obcecado em usar o equipamento eletrônico a fim de contatar sua esposa no outro mundo.

Um outro filme paranormal merecedor de atenção é *O Chamado*. Nesse filme, o espírito de uma pequena garota que foi assassinada aterroriza e mata outras pessoas. Qualquer personagem no filme que assiste ao vídeo em particular recebe um telefonema que diz que a pessoa tem sete dias, e depois será violentamente assassinada. O corpo da garota morta é descoberto e enterrado de maneira casual. Mas em vez de descansar, o espírito está mais interessado em continuar prejudicando os vivos. O único caminho para escapar é fazer uma cópia da fita e mostrar a outras pessoas.

Os analistas culturais debateram se os shows de TV e filmes *modelam* a crença das pessoas ou se meramente *refletem-nas*. Talvez ambas sejam verdade. O produtor de cinema George Lucas uma vez comentou que os shows de TV e filmes são professores com muita voz ativa. Com certeza as produções de Hollywood têm introduzido muitas pessoas ao mundo paranormal. Por outro lado, tais programas de TV e filmes fazem sucesso porque o objetivo final já está muito extenso.

Célebres Clientes

Os atores que utilizam de forma clara os serviços dos médiuns têm dado também um auxilio nas Relações Públicas ao paranormal. Por exemplo, muitas revistas e tablóides relatam que James Van Praagh é supostamente o contato da esposa assassinada de O.J. Simpson, Nicole Brow Simpson, como representante de sua irmã Denise Brown.[26] A famosa cantora Cher também utilizou os talentos do médium Van Praagh em suposta comunicação com seu último ex-marido, Sonny Bono. Logo depois que ele morreu num bizarro acidente de esquiar, no lago Tahoe, em 1998.[27] A clientela de Van Praagh também inclui Audrey Meadows, que acreditou que através dele, ela poderia fazer contato na TV com seu esposo morto, Jackie Gleason.[28] De forma interessante, muitos anos atrás tive a oportunidade de fazer um *talk show* com Gleason, e o lembrei de que ele pertencia a uma das maiores livrarias privadas de ocultismo no mundo.

O Governo se Interessa pelo Paranormal

Até mesmo o governo dos Estados Unidos têm se interessado pelo ocultismo e o paranormal. De acordo com os documentos que foram publicados em meados de 1990, os Estados Unidos — durante os anos de guerra fria na América com a União Soviética — gastaram cerca de 20 milhões estudando percepção extra-sensorial e outros fenômenos paranormais "na tentativa de determinar se essas forças do mundo paranormal poderiam, de alguma maneira, ser usadas por especialistas em espionagem no mundo natural".[29] (Os 20 milhões foram perdidos.)

O ex-presidente Jimmy Carter uma vez consultou uma médium para fazer o que o sistema de vigilância do satélite dos Estados Unidos não poderia fazer — descobrir um avião americano caído na África. Carter lembra a experiência:

> Nós tínhamos um avião caído na República Central da África — um pequeno avião de duplo motor. E não conseguíamos encontrá-lo. Então, os satélites foram acionados para que girassem em torno da Terra a cada 90 minutos a fim de sobrevoarem aquele local onde pensávamos que poderia estar e para tirar fotografias. Não conseguimos encontrá-lo. Então, o diretor da CIA (Stansfield Turner) veio e disse-me que tinha contato com uma mulher na Califórnia que afirmava ter

habilidades sobrenaturais. Ela entrou em transe, e escreveu as latitudes baixas e longitudes, e direcionamos os nossos satélites para aquela latitude e longitude, e lá estava o avião.[30]

Educação Paranormal

Atualmente, os vários meios de se tornar culto em fenômenos paranormais parece não ter fim. De fato, a educação paranormal se tornou um grande negócio.

Curso para Comunidades

Alguém pode fazer uma variedade de cursos paranormais através do colégio da comunidade local. Em um artigo lemos: "Você gostaria de saber como desenvolver suas habilidades paranormais?... Não é preciso olhar para muito longe de sua comunidade local, onde vários cursos incomuns e gratuitos estão sendo oferecidos".[31] A escola também oferece cursos sobre os espíritos e como se comunicar com os mortos.

Um Fantasma no Reino Unido

Uma nova escola de caçadores de fantasmas foi instituída em 2006 no Reino Unido. Doutor Jason Braithwaite ensina aos estudantes as habilidades científicas necessárias para casas "mal-assombradas" com dois dias de curso no Castelo de Muncaster. Esse castelo é bem conhecido por manifestações horripilantes de assombrações e fantasmas. Nesse prédio, "sons de crianças chorando e gritando, sentimentos de outra presença terrena, sons de passos e visões passageiras têm sido relatados".[32] Braithwaite, um conhecido psicólogo e neurologista da Universidade de Birminghan, empenha-se em ensinar às pessoas as habilidades que elas precisam para tirar suas próprias conclusões do que existe por trás de tais estranhos fenômenos.

Curso por Correspondência Paranormal

Um curso *on-line* de seis semanas para desenvolver intuição paranormal está disponível. O curso promete "quebrar o mistério sobre o fenômeno paranormal e tornar o mundo intuitivo acessível a todos".[33]

Seminários sobre Fantasmas

Os seminários nos Estados Unidos ensinam pessoas acerca do fenômeno paranormal e a caçar fantasmas. Um desses seminários em Aspen, Colorado, ensina métodos de como usar câmeras para capturar fantasmas orbes no filme e como usar metros para medir a atividade elétrica dentro do prédio, por meio disso indicando a presença de um ser paranormal. (Um "fantasma orbe" é supostamente um fantasma da órbita celeste da luz que representa a alma de uma pessoa morta.) Um dos líderes desse seminário fez o seguinte comentário:

> A única coisa que encontrei nesses espíritos aqui é que a maioria parece muito contente. A maioria deles já se mudou. Eles podem ir de um lado para o outro, e às vezes voltam para lugares que têm lembranças afetuosas para eles.[34]

Mais adiante, avaliaremos biblicamente essa idéia.

Feiras Paranormais

As feiras paranormais também se tornaram algo muito popular em nossos dias. Nessas tais feiras, os médiuns em geral ficam disponíveis para atender a pessoas e ajudá-las a se comunicarem com amigos ou parentes que morreram, ou passaram para o "outro lado". Outros médiuns usam carta de tarô para adivinhar a vida das pessoas. Em alguns casos, os médiuns se oferecem para tirar fotografias das auras paranormais das pessoas e interpretá-las (mais adiante sobre isso no livro). Através das feiras, muitas pessoas têm sido introduzidas ao mundo do ocultismo.[35]

Fins de Semana Paranormais

Parecido com a feira paranormal, algumas pessoas gostam de participar de "fins de semana paranormais". Durante esse período, céticos e otimistas convictos são convidados a ouvir preleções acerca da investigação paranormal. Em alguns desses eventos, os preletores ensinam métodos de como usar equipamentos fotográficos especiais para fotografar fantasmas orbes. Depois de um breve treino, eles são convidados a visitar diferentes lugares na tentativa de tirar suas próprias fotografias dos fantasmas orbes. Freqüentando tais feiras paranormais, uma pessoa pode sair com o certificado de investigação paranormal.[36]

Outras Promoções Paranormais

Hoje, muitos jogos no mercado são originados do paranormal. São em geral jogados no escuro, envolvendo várias atividades de ocultismo, e podem ter inesperados e terríveis resultados.[37] Os jogos populares incluem Ligth as a Feather — Stiff as a Board, Ouija, Bloody Mary, e bending spoons. Às vezes, adolescentes vão escondidos a prédios abandonados ou assombrados à noite para jogar esses jogos.

Os adolescentes gostam desses jogos pela mesma razão que gostam de filmes — eles gostam de ficar assustados. Muitas pesquisas aconselham que pessoas evitem esses jogos. Vamos considerar dois exemplos:

Light as a Feather — Stiff as a Board é um jogo de levitação. Nesse jogo, uma pessoa deita-se ao chão, e quatro pessoas sentam-se ao redor dela. Todos os quatro se concentram e começam a cantar um mantra: "Light as a feather... stiff as a board..." Sem nenhum esforço, os quatro são capazes de levitar a pessoa do chão desafiando a gravidade. Enquanto muitos consideram essa atividade favorável, algumas pesquisas advertem que a levitação faz parte do mundo do ocultismo.

Um outro exemplo é a Tábua de Ouija, uma prancheta com alfabeto e outros símbolos que possui um ponteiro sob a manipulação de um "espírito visitante" usado para comunicar uma mensagem do "outro lado", guiado pela mão dos jogadores. Os participantes fazem perguntas, e o ponteiro parece magicamente deslizar ao redor da tábua, soletrando diferentes palavras. A Tábua de Ouija pode ser adquirida em qualquer loja de brinquedo de tendência atual. De modo trágico, os adolescentes que jogam esse jogo estão completamente inconscientes de que estão se abrindo para o mundo do ocultismo, trazendo em geral terríveis conseqüências.

Muitos programas de rádios focalizam de maneira exclusiva o paranormal. Por exemplo, na Cidades Gêmeas em Minnesota, um rádio *talk show* focaliza fantasmas, assombrações e discos voadores. O programa é chamado de "Darkeness on the Edge Town", e retrata convidados local e nacional. Um dos primeiros convidados foi o ator principal e astro do programa de TV *Sci-Fi Channel's Ghost Hunter.*[38]

Um outro programa de rádio paranormal é o *Kevin Smith Show*, agora transmitido em 53 países pela Globalstar Communications Network. Smith diz: "Meu convidados são picantes e os assuntos são quentes. As pessoas estão interessadas no estranho e inexplicável".[39]

A BBC informa que a Ultraviolet Insurance Company escreveu um programa de ação para a loja que pagará por um milhão de libras "se os funcionários ou clientes forem mortos ou sofrerem constante impotência causada por fantasmas, *poltergeits*, ou outro fenômeno anormal no local".[40]

Um recente livro intitulado *Above Us Only Sky: A Veiw of 9/11 from the Spirit World* nos dá razões de nove entre onze pessoas que se comunicam com pessoas mortas. Esse livro, escrito pela médium Sarah Price, inclui mensagens transmitidas através das vítimas e dos "espíritos de testemunhas" que presenciam todo o acontecimento exposto. Eles incluem Anne Frank, o presidente John F.Kennedy, John Lennon e o jornalista da NBC, David Bloom, "que trazem seus próprios *insights* sobre o 11 de setembro e conselhos a respeito da vida em geral".[41]

Este capítulo mostra o predomínio do fenômeno paranormal entre os adolescentes, estudantes de faculdade, professores e na população dos Estados Unidos. Isso mostra também a influência paranormal em Hollywood, e algumas oportunidades no ocultismo educacional. Fornecemos um ensaio do mais excêntrico lado do fenômeno paranormal.

Acho que agora você pode ver a razão de eu acreditar que o paranormal tornou-se uma coisa normal em alguns setores religiosos do cenário da América. No próximo capítulo focalizaremos a atenção no aparecimento do paranormal em nossos dias.

2

ENTENDENDO O ENCANTO

O interesse em fantasmas e de contatar pessoas mortas uma vez foi banido principalmente para adornar grupos cultuais. Porém, nada mais. Os espíritos e o espiritismo têm se infiltrado na cultura popular — está em alta. A crença no fenômeno paranormal está aumentando através das religiões espectros.

Mais uma pergunta se faz necessária. Por que o paranormal tem se tornado algo normal para muitos americanos? Por que o sobrenatural tornou-se tão popular? Por que 10 milhões de pessoas em nossa sociedade se interessam em entrar em contato com pessoas mortas? *Qual o encanto?*

Gostaria muito que a resposta para essa pergunta fosse simples — como olhar para um simples ponto no telescópio. A verdade nesse caso é muito mais do que um caleidoscópio, com muitos fatores contribuindo para a popularidade do fenômeno paranormal em nossa sociedade.

Uma Invasão da Filosofia Oriental

Os meados de 1960 trouxeram uma invasão maciça da filosofia oriental para dentro do Ocidente. Essa abertura para a religião oriental se deu em reação a uma grande rejeição contra os valores tradicionais ocidentais, inclusive a alta tecnologia, razão e racionalismo, materialismo, capitalismo, e coisas semelhantes. A filosofia oriental, com esse anti-racionalismo, quietismo e falta de tecnologia, apelou para muitos.

Alguns analistas religiosos acreditam que a corrente de interesse em contatar pessoas mortas pode ser um excesso de doutrina proveniente do surgimento da espiritualidade do Oriente nos meados de 1960. Por causa da influência oriental, muitas pessoas hoje estão mais abertas para o invisível. Como uma analista disse: "Os espíritos, independentemente de sua natureza, são de todo fascinantes para as pessoas que uma vez acreditam que o universo físico era tudo o que existia".[1] Alguém pode certamente detectar forte influência oriental — inclusive acreditar em reencarnação e na lei do carma — nos livros atuais de alguns médiuns de horário nobre, inclusive James Van Praagh, John Edward, Sylvia Browne e Char Margolis.

Exausto de Religiões Tradicionais

Infelizmente, algumas pessoas ficaram interessadas no ocultismo e fenômenos paranormais apenas porque estão cansadas das religiões tradicionais. Muitas que freqüentaram a igreja no passado acham que ela está sem vida e sem necessidades reais encontradas. Eles acreditam que a igreja tornou-se irrelevante para a sociedade moderna. Van Praagh disse que "as pessoas estão procurando seu próprio destino".[2]

Essas pessoas estão à procura de uma espiritualidade que funcione. A idéia de todas as pessoas, independentemente de qualquer religião que elas sigam, é que elas sobrevivem à morte e atravessam para o "outro lado" da vida — e ainda assim podem se comunicar conosco. É um sistema de crença religioso que "funciona" para muitas pessoas.

Muitos médiuns de horário nobre ficaram cansados do catolicismo antes de se tornarem médiuns. Na verdade, Van Praagh alega que era maltratado por algumas das freiras na escola católica. Ele recorda: "Eu não tinha o lápis colorido para a lição, então a irmã Matilda me batia — tão forte que eu caía no chão fora de consciência".[3] Ele diz que testemunhou, em primeira mão, uma distância muito grande entre o que seus professores católicos pregavam e o que eles demonstravam.[4]

Muito depois, Van Praagh ficou cansado da doutrina que eles haviam ensinado no seminário pré-católico, o que assistiu principalmente para agradar sua mãe. Ele chegou a ter aversão ao "julgamento" que viu na igreja. "Eu não poderia mais acreditar na mitologia que se concentrava na culpa e na punição."[5] Ele recorda: "A Igreja não faz sentido. Eles falam do amor de Deus, mas depois julgam as pessoas. A partir da abertura para os espíritos, meu senso de religião acabou, porém meu senso de espiritualidade começou".[6] Ao contrário de um Deus que julga e envia algumas pessoas para o inferno, Van Praagh de forma crescente chega a acreditar que Deus é permeado através do amor, é praticamente sem julgamento e manifestado dentro de cada ser humano.[7] Por essa razão, ele deixou o seminário e disse adeus à igreja católica.

Sylvia Browne é uma outra médium de horário nobre que baniu o catolicismo. Ela recorda que em sua classe de 6ª série estudava sobre o inferno, Satanás e a possibilidade de ser possesso por Satanás. Essa não foi uma versão do cristianismo que lhe interessava, mas a gota d´água para ela fugir: "Não fazia sentido para mim um Deus que nos criou e amou do fundo de seu coração ser tão frio, cruel e abominável, a ponto de nos condenar a uma eternidade no inferno caso comêssemos carne na Sexta-feira Santa [uma proibição católica durante a sua infância], ou até mesmo nutrir um pensamento pecaminoso, caso praticássemos ou não".[8]

Browne também teve sérios problemas com a idéia de confessar pecados ao padre: "Se eu precisasse de um intermediário entre mim e Deus, por que me incomodaria de orar, a menos que o mesmo padre estivesse por perto para transmitir a mensagem de volta?"[9] Ela também queria saber: se Deus ama todos de igual modo, por que poderia dar mais atenção a um padre do que a ela?

Browne expressou o grande descontentamento com a doutrina cristã da vida após a morte. Ela não conseguia entender como, depois de uma existência na terra, uma pessoa seria enviada a Deus para o céu ou inferno por toda a eternidade.[10] A teologia dos espíritos — inclusive a doutrina da reencarnação — conseqüentemente fazia mais sentido para ela.

Alguns Médiuns Parecem Cristãos

Alguns cristãos podem se sentir inclinados a visitar médiuns porque alguns deles verdadeiramente parecem cristãos. John Edward afirma ser um católico e que sempre reza o rosário antes de sua leitura paranormal.[11] Char Margolis afirma que seu dom paranormal é dado por Deus.[12] Com freqüência, Sylvia Browne se refere a Deus, a Cristo e ao Espírito Santo durante sua apresentação na televisão. Ela afirma fazer tudo o que faz pela graça de Deus. Seu website afirma que "o Espírito Santo trabalha através de Sylvia para exalar o amor de Deus, graça e bênçãos".[13] Todos eles parecem verdadeiros cristãos!

Um exame dessas teologias paranormais, entretanto, mostra claramente que eles não são ***biblicamente*** cristãos. Eles aparentemente falham ao perceber — ou preferem ignorar — que seus envolvimentos no fenômeno paranormal é uma violação aos mandamentos de Deus.

Uma Experiência Manipulada pela Sociedade

Hoje vivemos em época experimental: "Se isso parece bom, deve ser certo". "Como isso pode estar errado se parece tão certo?" Em vez de abraçar um objetivo baseado efetivamente na fé, fixando-se na autoridade divina; muitos, hoje em dia, estão procurando experiências místicas e emocionais.[14] Podemos dizer que o paranormal é o tempero experimental do dia.

Uma das razões para o sucesso de John Edward no programa *Crossing Over* é que o mesmo tem comovido o coração humano. Um analista comentou: "Edward manipula o curso das emoções humanas primorosamente em 30 minutos, orientando-nos desde a tristeza e o medo até a esperança e a alegria. Não somente o auditório chora em algum momento durante o programa, assim como o repórter também chora".[15]

Um outro analista comentou que Edward "se conecta com pessoas em um nível emocional, e isso é muito atrativo... Até mesmo se você é totalmente cético, não pode negar que muitas pessoas no estúdio do auditório estão experimentando algo, independentemente do que apresentam ou do que proporcionam, e é o que faz uma grande TV".[16]

Relatado isso, muitos observadores de religiões perceberam que as pessoas que procuram contato com a morte de fato *querem* acreditar. Eles estão tão desejosos de fazer contato com os entes queridos mortos, de quem dolorosamente sentem falta, que começam e investem no sucesso dessas sessões com um médium paranormal. Mesmo que um médium paranormal cometa algumas falhas, eles ainda estão emocionalmente envolvidos por (e esperando de modo desesperado) algum contato genuíno com seus entes queridos.

Fascinação pelo Sobrenatural

Uma das razões para a popularidade dos fenômenos paranormais certamente é que algumas pessoas ficam de todo fascinadas pelas coisas sobrenaturais. Isso, em especial, é verdade com muitos adolescentes que jogam a Tábua de Ouija e vários jogos paranormais. Muitas pessoas que são fascinadas pelo fenômeno paranormal e participam de leituras paranormais e sessões acham que essas atividades resultam em uma sensação empolgante. Tais pessoas geralmente não percebem que a Bíblia condena tais atividades.

As Pessoas Querem Saber o Futuro

Muitas pessoas estão interessadas em habilidades paranormais a fim de lerem o seu futuro. Essas investigações, às vezes, parecem inseguras, mas em geral apenas querem saber o que se encontra justamente depois da esquina. Por exemplo, uma pessoa poder ir a um médium para descobrir se um relacionamento romântico irá durar ou não. Uma pessoa pode visitar um médium para averiguar se terá um bom futuro no trabalho. Ou uma pessoa pode visitar um médium para ficar ciente de — e depois evitar — qualquer perigo em seu futuro. Muitas pessoas que possuem esse conhecimento interior têm vantagens quando fazem decisões para suas vidas. (Demonstrarei isso mais adiante no livro e como a leitura sobre o futuro é totalmente inexata.)

Curiosidades acerca do "outro Lado"

Todas as pessoas morrem. Estatísticas atuais indicam que três pessoas morrem a cada segundo, 180 a cada minuto, e aproximadamente 11 mil a cada hora. Isso significa que cerca de 250 mil pessoas morrem a cada dia.[17] As pessoas ficam curiosas para saber o que acontece após a morte. Buscando seus próprios interesses, a médium Sylvia Browne tenta confortar seus leitores, dizendo-lhes: "O 'outro lado' é uma realidade, tão palpável quanto a grama que você pisa, os corpos habitados por nossos espíritos e o ar que respiramos. E a verdade sobre o 'outro lado' é mais emocionante, confortante, amorosa e capacitada do que qualquer conto de fadas poderia ser".[18] Ao contrário da Bíblia, os médiuns nos asseguram de que independentemente do que a religião das pessoas aprovam, todos passam por uma existência agradável do "outro lado".

Comunicação com Entes Queridos

Em vista da realidade percentual de morte, 10 milhões de pessoas hoje querem fazer qualquer coisa que puderem a fim de se comunicar com seus entes queridos. Essa é a única razão para a popularidade dos médiuns hoje em dia. Meu colega de classe Walter Martin, em seu livro *The Kingdom of the Cults*, disse que "o espiritismo se tornou a maior atração para aqueles que sofreram grandes perdas, e depois de cada grande guerra, o espiritismo sempre parece ser a melhor alternativa para a morte de entes queridos".[19] Tragicamente, muitos se voltam para o espiritismo em vez de se voltarem para a Bíblia.

Muitas pessoas estão interessadas em contatar seus entes queridos porque os médiuns estão alimentando a mentira de que seus entes queridos estão *realmente* tentando fazer contato com eles. Van Praagh deixa isso claro:

> Uma vez adaptado para seu novo mundo, os espíritos começam a ouvir nossos pensamentos de aflição, tristeza e pesar. Eles vêem a dor e a agonia provocada por suas mortes. Sabendo que ainda estão

> vivos, embora em uma outra forma, querem assegurar-nos de que ainda estão cientes de tudo o que se passa na terra... a comunicação dependerá da personalidade do espírito, das habilidades e de suas próprias qualidades, de toda maneira possível para se comunicar e nos levar a compreender a juntar novamente a existência.[20]

Respostas às Profundas Questões da Vida

Algumas pessoas acreditam que o espiritismo — a crença que liga a morte com a vida — oferece respostas a algumas das mais profundas questões da vida. Visto que os médiuns dizem a todas as pessoas que as religiões são igualmente bem-vindas na vida após a morte, não é necessário ser um cristão para ansiar pela alegria nos céus. Em vista de tudo isso, as pessoas concluem que não têm uma razão legítima para ter medo da morte.

Seguindo as Pisadas dos Pais

Uma razão por que jovens começam a se envolver no ocultismo e no paranormal é que seus pais já se encontram envolvidos em tais práticas. Os filhos, às vezes, são condicionados desde a sua infância a aceitar os fenômenos paranormais. Por exemplo, a médium Sylvia Browne foi apresentada ao fenômeno paranormal por sua mãe quando ainda era uma criança. O filho de Sylvia, Chris, aparentemente se tornou um médium em virtude da própria influência da mãe. A filha de Chris, Angelia, também é uma médium. A mãe de John Edward freqüentemente convidava médiuns para ir a sua casa para fazer leituras.

Pura Pressão

Alguns adolescentes participam de sessões, jogam a Tábua de Ouija, jogos paranormais e experimentam várias outras formas de ocultismo só porque todos fazem isso. Eles começam a se envolver por pura pressão. Essa provavelmente é uma das razões porque George Barna constata que 73% dos jovens americanos participam de atividades paranormais.[21]

Uma Sensação de Controle

Certos adolescentes são mais propensos do que outros a se arriscar em experiências espirituais — em especial aqueles que possuem um relacionamento isolado ou que estão enfrentando um significativo estresse e frustração.[22] Muitos desses adolescentes experimentam atividades e fenômenos paranormais a fim de controlar ou influenciar suas circunstâncias para melhor. Isso lhes dá uma falsa sensação de controle.

Habilidades Paranormais Disfarçadas

Os médiuns constantemente disseminam a mentira de que todo o ser humano tem poderes paranormais secretos. Essas habilidades só precisam ser despertadas e desenvolvidas. Supostamente, porque os seres humanos utilizam apenas 10% de suas mentes, seus poderes paranormais estão latentes nos 90% não usados.[23] Muitas pessoas, portanto, se voltam para o paranormal a fim de aprender através dele como conseguiu se tornar médium.

James Van Praagh diz que a sensação da pessoa paranormal freqüentemente é originada de um sexto sentido, uma intuição, um atrevido sentimento, ou um pressentimento. Ele diz que todos usamos essa habilidade todos os dias sem qualquer conhecimento. Ele pergunta: "Quantas vezes você já pensou em alguém, e minutos depois o telefone toca e aquela pessoa está do outro lado da linha?"[24] Isso, ele diz, é um exemplo de sexto sentido. Em seu livro *Heaven in Earth*, ele explica:

> Nós nascemos com o sexto sentido, não cinco. O sexto sentido, um dos maiores que não sabemos como usar em nossa vida diária, é nossa intuição, voz interior, ou percepção paranormal. Todos temos esse poder, mas para muitas pessoas isso fica reprimido. Nosso sexto sentido salienta nosso intelecto,

> nossos cinco sentidos, e nossas emoções, trabalhem em conjunto com qualquer um destes.[25]

Van Praagh também acredita que todo ser humano tem espíritos-guias benevolentes. Em seus livros, ele proporciona aos leitores informações e exercícios que os ajudam a experimentar a presença de seus espíritos-guias e aprender através deles. Ele está convencido de que quando uma lâmpada elétrica pisca em um quarto, quando um telefone toca e ninguém responde, e quando uma imagem na TV parece embaralhar sem nenhuma razão, um espírito-guia pode estar procurando fazer contato com você.[26]

Char Margolis é uma outra médium popular que acredita que o ser humano tem uma habilidade paranormal inata. "Está inerente em nossa natureza da mesma forma que temos visão, audição, tato, paladar e olfato."[27] Ela diz que parte de sua missão na vida é ensinar as pessoas a *como* reconhecer e agir em meio a suas habilidades paranormais. O próprio uso do sexto sentido, ela diz, enriquecerá a vida mais do que os outros cinco sentidos juntos. "Nosso senso intuitivo é literalmente um canal entre este mundo e o outro. É um condutor de energia por meio do qual podemos nos conectar com entes queridos que morreram, falar com nossos anjos da guarda e espíritos-guias, e até mesmo tocar o mais alto nível da consciência universal e do amor."[28] Ela incentiva aqueles que tem dúvidas acerca de si mesmos para se transformarem em pequenas máquinas que dizem: "Eu acho que posso, eu acho que posso".[29]

As razões dessa atual popularidade são muitas e variadas. O paranormal, é lógico, abrange uma série de fenômenos, utilizando um vocabulário completamente próprio. No próximo capítulo veremos a cartilha do fenômeno paranormal. Analise isso como um curso intensivo em terminologia ocultista.

3

A CARTILHA NO FENÔMENO PARANORMAL

Você já visitou um país estrangeiro? Se já, provavelmente conhece a sensação de não conseguir falar em qualquer outro idioma.

Essa é a forma de como algumas pessoas se sentem em discussões sobre médiuns e paranormais. Muitas das palavras associadas com este campo de estudo parecem estranhas. Este capítulo é um guia amigável do usuário para certos termos, uma cartilha fácil de usar na língua estrangeira do fenômeno paranormal.

Vamos considerar estes quatro tópicos de termos gerais abaixo:

- A Grande Figura
- Comunicação com os Mortos
- Ferramentas Paranormais do Ramo
- Fenômeno Fastasma

Essas categorias o ajudarão a entender os termos. Você verá! (A propósito, você pode ler e entender o resto deste livro sem tentar memorizar as palavras deste capítulo.)

A Grande Figura

Você encontrará quatro termos gerais dispersados por todo este livro: *ocultismo*, o *paranormal*, *adivinhação* e *médium*. Esses termos são relatados conclusivamente. Uma vez compreendidos, proporcionará uma visão geral do fenômeno paranormal.

Ocultismo

A palavra *oculto* vem do latim, *occultus*, e literalmente significa "obscuro", "secreto" ou "escondido". O termo referido para escondido ou segredo compreende "aquilo que não pode ser revelado, sigilo; aquilo que se oculta à vista, ao conhecimento; aquilo que não se divulga".[1] O termo é com freqüência usado em referência a certas práticas ou artes ocultas, inclusive a adivinhação, contato com os mortos (ou *magia negra*), cartomante e magia.

O ocultismo tem várias formas, mas em geral envolve práticas como estado de transe, sessões, clarividência, telepatia, psicometria, caligrafia automática, bola de cristal, levitação e experiências fora do corpo.

O Paranormal

O paranormal refere-se aquilo que está além ou fora do normal, fora do que podemos alcançar com nossos cinco sentidos. Posso referir-me também aquilo que vai além das leis científicas.

Quando as pessoas falam do paranormal, estão falando claramente de forças invisíveis, energias, poderes, ou espíritos que não podem ser, de modo objetivo, discernidos ou quantificados. Algumas pessoas usam o termo para se referir a esforços para acessar ou usar o poder sobrenatural, ou na tentativa de ganhar secretas ou misteriosas informações de uso do sentido natural.

Divinação

A divinação (ou adivinhação) é a tentativa de prever ou predizer os acontecimentos futuros descobrindo o escondido ou secreto. O uso da divinação não tem nada de novo; já existia desde o tempo da Bíblia. Os povos das nações pagãs em geral se ocupavam de várias formas de adivinhação para determinar o futuro ou vontade dos deuses. Algumas vezes, os antigos ocultistas usavam espíritas ou médiuns para se comunicarem com os mortos ou obter informações paranormais (Dt 18.11; 1 Sm 28.3,9). Outros usavam feitiçaria para obter informações através do deus pagão (Nm 22.7; 23.23; Js 13.22).

Nos tempos passados, alguns conjuravam encantamentos (Dt 18.11) ou praticavam magia (Êx 22.18; Dt 18.10). Outros interpretavam agouros (Gn 30.37; 44.5). Alguns na Babilônia observavam e interpretavam as estrelas (astrologia) porque acreditavam que elas estavam relacionadas com um deus pagão (Dn 1.20; 2.2,10,27; 4.7; 5.7,11,15). Ainda outras práticas de adivinhação eram feitas, por exemplo, examinar o fígado do animal morto que foi usado para o sacrifício. Anormalidades no fígado poderia indicar algum aspecto da vontade dos deuses.

Os médiuns atuais ainda continuam a praticar a adivinhação. As formas populares de divinação incluem astrologia, bola de cristal, leitura de mão, cartomancia e contato com os mortos (necromancia).

Médium

Médium é um termo geral que se refere a uma pessoa que afirma ter sensibilidade fenomenal, além dos cinco sentidos. Ela se ocupa em uma ou mais atividades paranormais, inclusive na tentativa de contatar mortos, agindo como porta-voz para entidades espíritas (inclusive espíritos-guias e anjos), e em várias formas de adivinhação. Os médiuns afirmam ter vários poderes:

- *telepatia* — receber ou enviar pensamentos a outra pessoa
- *premonição* — conhecimento sobrenatural do futuro
- *clarividência* — ver algo além do significado natural acerca do passado, presente, ou futuro

Alguns médiuns acrescentam mais detalhes a respeito do que eles consideram ser um médium. James Van Praagh afirma que o espírito vibraria com uma freqüência mais rápida do que os nossos. Os espíritos supostamente enviam comunicações mais rapidamente do que as pessoas vivas costumam fazer. "É como se estivéssemos nos comunicando através de uma grande brecha sem a ajuda de um tradutor simultâneo." Os médiuns, diz Van Praagh, tem a habilidade de discernir essas intensas mensagens.[2]

John Edward compara a energia paranormal às ondas de rádio. Mesmo que uma pessoa não ligue o rádio, as ondas ainda estão lá. Ligue seu rádio, e você poderá captar esses sinais invisíveis. Quando Edward faz uma leitura mental, afirma que metaforicamente balança sua vara mental e espera a mensagem vir no pensamento.[3]

Sylvia Browne afirma que diferentes médiuns têm diferentes habilidades. "Assim como o dom da música é dado por Deus e pode se manifestar de várias formas, através de um cantor que compõe músicas, os dons específicos dos médiuns variam de uma geração de minha família para outra." Ela diz que alguns em sua família podem entrar em transe e permitir que uma entidade espiritual veja, fale e ouça através deles, enquanto outros podem ou não praticar a mesma coisa. Alguns da família têm poderes telecinéticos (capacidade de mover fisicamente um objeto com a força psíquica, mental); outros não.[4] Os poderes alegados pelos médiuns são variados.

Comunicação com os Mortos

Vamos restringir um pouco o campo e focalizar nossa atenção em termos que relatam especificamente a comunicação com os mortos — inclusive *médium, mediúnico, espiritismo, espíritos-guias, sessões, psicografia, fenômeno de voz eletrônica (EVP)* e *levitação.*

Médium

Um médium pode supostamente alcançar de forma direta o véu entre o mundo espiritual e físico, sintonizar as vibrações rápidas do mundo espiritual e comunicar mensagens por meio de espíritos individuais de pessoas do "outro lado" da terra. O termo *médium* significa que uma pessoa é intermediária entre o mundo espiritual e físico.[5]

Alguns médiuns, como James Van Praagh, arrastam uma discussão entre *médium paranormal* e *médium espírita*. Um médium paranormal — o tipo mais comum — é aquele que faz uso de sua "mente intuitiva". Essa mente intuitiva é usada para a clarividência ("visão clara" do mundo espiritual), clariaudiência ("audição clara" do mundo espiritual), ou clarisciência ("clara sensibilidade" do mundo espiritual).[6] (Mais sobre essas "palavras estranhas" abaixo.)

O segundo tipo de médium é o espírita. Em contraste com o médium paranormal, em que apenas a mente é utilizada, um médium espírita deixa seu corpo inteiro disponível para a entidade espírita.[7] Alguns mediúnicos populares, como Kevin Ryerson, são médiuns espíritas. (Eu o vi pessoalmente.)

Van Praagh afirma que todo médium é um paranormal, mas nem todo paranormal é um médium. O que ele quis dizer com isso é que uma pessoa pode possuir uma intuição paranormal sem ser capaz de sintonizar de maneira rápida a taxa vibracional do espírito do mundo.[8] Como paranormal Sylvia Browne colocou: "um médium é simplesmente uma pessoa com habilidades paranormais dadas por Deus, que são complementadas por uma extensão expandida de percepções freqüentes. O resultado é que eles são capazes de ver, ouvir e experimentar espíritos de outras dimensões que operam no nível máximo de freqüência do que nós na terra".[9] (Observe que Browne afirma que as habilidades paranormais são "dadas por Deus". Mais adiante mostrarei que Deus condena tais atividades.)

Mediúnico

Um mediúnico é similar a um médium. A canalização "é a tentativa de comunicação com pessoas mortas ou inteligência humana extra (geralmente não física) através de agências de médiuns humanos, com a intenção de receber informação paranormal".[10] Sylvia Browne nos diz que "a comunicação com espíritos nunca se apodera, substitui, ou elimina o espírito do mediúnico. Em vez disso, ele apenas retira ou abdica temporariamente e atua nada mais que um canal pelo qual a comunicação espírita pode falar de modo direto".[11]

Os mediúnicos às vezes fazem seu trabalho à luz do transe e em outros momentos num profundo transe. Um profundo transe inclui um estado alterado de consciência, fazendo com que os mediúnicos fiquem de todo inconscientes de suas circunstâncias. Quando eles ficam em transe, não se lembram do que aconteceu. Os mediúnicos que fazem seu trabalho à luz do transe ainda estão cientes de suas circunstâncias e ainda estão operando em consciência, embora alterado.

Os apologistas cristãos John Ankerberg e John Weldon explicam o que tipicamente ocorre durante uma sessão de canalização profunda.

> Quando um mediúnico entra em transe, é como se ele caísse em um profundo sono. Tanto seus músculos faciais como seus lábios contraem enquanto uma invasão de seres viventes ganha o controle sobre a pessoa. Uma vez que o espírito se apossa do corpo, mudanças na respiração ocorrem, e a feição do rosto e expressões são diferentes, algumas vezes, com muita diferença (por exemplo, o recente Jane Roberts). O que se torna mais notável é quando a voz muda; por exemplo, uma voz feminina torna-se grave e masculina.[12]

Ankerberg e Weldon também observaram que durante uma sessão de profundo transe, o mediúnico perde a consciência e não se lembra do que (ou quem) o possuiu, uma vez que o espírito de entidade deixa o corpo. Nesses casos, o espírito controla o mediúnico em transe profundo a fim de que ele seja uma marionete dominada por um poder maior.[13]

Alguns mediúnicos não se comunicam com os espíritos de entidades. Em vez disso, alegam ler o *Akaschic Records* (O Livro da Vida). O *Akashic Records* é supostamente um campo de energia que circunda o planeta Terra e fisicamente grava todos os acontecimentos da história da Terra. Alguns paranormais, tais como Edgar Cayce e Levei Dowling, afirmam que podem ler o *Akaschic Records* e fornecer informações secretas acerca do passado.

Espiritismo

O *espiritismo* é a doutrina baseada na crença da sobrevivência da alma e da existência de comunicação entre vivos e mortos, que podem ser contatados em qualquer plano espiritual ou dimensão em que eles estejam. O *espiritualismo* é o próprio nome da religião que envolve contato com os mortos. O espiritismo e o espiritualismo tornaram-se popular durante e depois de tempos de guerra. Os vivos entram em contato com seus entes queridos que perderam a vida durante a guerra.

Os médiuns paranormais afirmam que esses espíritos desejam entrar em contato com seus entes queridos. A popular paranormal Char Margolis explica:

> A morte é quase sempre um período de dificuldade para aqueles que deixamos para trás. Mas também é o momento mais comum para nossos entes queridos se comunicarem conosco através do "outro lado". É como se seus espíritos quisessem nos assegurar de que tudo está bem com eles e que ainda nos amam muito. Essa comunicação pode surgir em formas de sentimentos, barulhos, experiências, "coincidências", que estão chamando a atenção, e assim por diante.[14]

O teólogo cristão Kenneth Boa observa que a visão de mundo do espírita reconhece o crescimento do plano de existência. Assim como os espíritos de maneira progressiva evoluem mais e mais para um plano maior, a comunicação com eles supostamente torna-se mais dificultosa.

> Existem vários planos de existência espiritual e cada espírito deve progressivamente elevar-se para mais alto dos "céus". Quanto mais o espírito atinge círculos ou esferas a caminho da perfeição, ele se torna menos interessado na esfera terrestre. Desse modo, torna-se mais difícil se comunicar com os espíritos à medida que o tempo passa. Cada nova esfera é mais distante da terra.[15]

Os ocultistas afirmam que a hora mais fácil para se comunicar com os entes queridos é quando eles estão mortos recentemente e ainda não evoluíram.

O espiritualismo talvez seja a religião mais antiga da existência. Toda civilização conhecida praticou-o de alguma forma ou de outra. Muitas fontes antigas mencionam médiuns, inclusive a Bíblia e a literatura dos egípcios, babilônicos, chineses e gregos.

O moderno "movimento espiritualista" (envolvendo o espiritismo) surgiu em 1848 na casa do fazendeiro John Fox, em Hydesville, Nova YorK.[16] As filhas de Fox — Margaret (1836-1893), Leah (1814-1890) e Catherine (1841-1892) — afirmaram ter ouvido som de batida na casa e acreditavam que esses sons eram uma forma de comunicação através de um espírito de um homem assassinado cujo nome era Charles Rosma. As irmãs tornaram-se uma forte influência no movimento espiritualista — no mínimo até 1886 quando Margaret confessou que estavam mentindo. Ela alegou que produzia as batidas, estalando os dedos (mais tarde retratou essa confissão). Entretanto, o espiritualismo tornou-se poderosamente uma força viva na sociedade americana. A confissão de Margareth não foi suficiente para parar o movimento.

Espíritos-Guias

Os paranormais modernos em geral afirmam que todas as pessoas têm espíritos-guias que lhes podem dar sabedoria através do "outro lado" e assistir-lhes por toda a vida. Alguns paranormais afirmam estar cientes do contato com seus espíritos-guias. Outros dizem que seus espíritos-guias geralmente se manifestam por uma intuição ou um sentimento sutil que vem sobre eles.[17]

Muitos paranormais acreditam que os espíritos-guias estão restringidos ao processo de reencarnação. A idéia é que, quando as pessoas morrem, elas vão para o "outro lado", onde conversam intimamente com outros espíritos. Após um tempo determinado — dez, cem, quinhentos anos, ou qualquer um —, cada espírito encarna em um outro corpo humano.

Antes de encarnar, a pessoa supostamente pergunta a alguém se ele ou ela confia no "outro lado" para ser o seu guia espiritual. Sylvia Browne afirma que "cada um de nós tem um espírito-guia, alguém a quem literalmente confiamos nossa alma do "outro lado", que concordou em ser nosso fiel companheiro e ajudador quando fizemos a opção de experimentar uma outra existência na terra".[18]

Esse espírito pode ser uma mãe ou pai, avós, tios, ou talvez um amigo. Browne afirma que em virtude de os espíritos-guias terem experimentado no mínimo uma encarnação na terra, eles são capazes de simpatizar com os problemas, erros, tentações, medos e fragilidades. Todos, diz Browne, são capazes de ser um espírito-guia de alguém de uma forma ou de outra.

Van Praagh acrescenta que antes de as pessoas no "outro lado" decidirem encarnar no corpo de um outro ser humano, elas planejam um projeto de toda a sua jornada de vida, delineando as lições que querem aprender durante sua vida inteira. Uma vez encarnadas, devem seguir o caminho escolhido, e os seus espíritos-guias procuram trazê-las de volta ao caminho, então eles ficam novamente em linha com seu projeto.[19]

Sessão Espírita

Uma sessão espírita é o encontro de pessoas que tentam se comunicar com um espírito ou com almas de pessoas mortas através de um médium. Em muitos casos, as pessoas tentam entrar em contato com outras recentemente mortas. Os médiuns geralmente usam o auxílio de espíritos-guias, tábua de Ouija, e/ou psicografia (ver abaixo).

Durante uma sessão, todos seguram as mãos, o médium entra em transe, e um espírito ou espírito-guia supostamente controla o médium que fala com ele ou através da voz dele. Em algumas sessões, o médium traz um instrumento musical, e o espírito teoricamente toca o instrumento. Em alguns casos, o espírito se comunicará guiado pela psicografia de um médium. Algumas vezes os objetos na sala se movem. Um espírito de entidade pode aparecer em forma semelhante a um nevoeiro conhecida como ectoplasma (ver abaixo).[20]

Psicografia

A psicografia é um fenômeno no espiritualismo em que um médium escreve palavras sem estar aparentemente ciente. O espírito da pessoa morta ou uma entidade paranormal controla a mão do médium. Durante a escrita, o médium normalmente fica inconsciente das informações que estão sendo comunicadas.

Um exemplo de psicografia é o livro *A Course in Miracles*, escrito por Helen Schucman, que é guiado por um espírito de entidade chamado Jesus. Esse espírito é guiado pela mão de Schucman em tudo o que ela escreve nesses três volumes.

O Fenômeno da Voz Eletrônica (EVP)

Ocultistas acreditam que os espíritos podem se comunicar com os vivos de formais hábeis. Eles podem supostamente manipular estações de rádio, imprimir imagens em emissoras de televisões, e até mesmo gravar vozes em fitas magnéticas. Isso é conhecido como fenômeno eletrônico da voz (EVP).[21] *Vozes do Além* é um filme recente que popularizou esse fenômeno.

Levitação

Levitação vem do latim, que significa "aliviar" ou "elevação", e refere-se ao fenômeno alegado de "flutuação livre", em que um objeto animado ou inanimado é suspenso ao ar com um significado não aparente de suporte. Em algumas sessões, a mesa espiritualista levantada do chão indica a presença do ser espiritual ou entidade paranormal.

Ferramentas Paranormais do Ramo

Os paranormais e médiuns utilizam o que podem chamar de "ferramentas do ramo", inclusive o estado de transe, clarividência, clariaudiência, clarisciência, psicometria, bola de cristal, leitura de aura e experiências fora do corpo.

Estado de Transe

O estado de transe é um estado de perda de consciência, de estreitamento do nível de consciência no qual o indivíduo permanece acordado, porém age de forma diferente de seu estado normal e encontra-se sob influência de forte estado emocional. As pessoas informam que os transes em geral oferecem um sentimento de unidade com todas as coisas e de harmonia com o universo. Esse estado normalmente é referido como consciência cósmica. Os transes capacitam o médium a ter experiências místicas com entidades espirituais.

Clarividência

Clarividência — literalmente "visão clara" — é o fenômeno parapsicológico que permite a percepção visual de objetos por meios paranormais.

Isso também envolve a habilidade para perceber coisas fora da realidade física, coisas na região celeste e no reino dos espíritos. A percepção envolve um brilho de *insight*. A clarividência também inclui a habilidade física para ver e descrever futuros acontecimentos. Às vezes, os paranormais afirmam usar a clarividência quando ajudam a polícia a resolver problemas. Sylvia Browne diz ter ajudado a polícia a resolver vários desses crimes. Browne diz: "A clarividência tem o que, às vezes, chamamos de 'segunda visão' na qual permite que seus olhos percebam uma imensa extensão de informações e freqüências mais do que normal".[22]

Clariaudiência

Clariaudiência — literalmente "clara audição" — envolve ouvir com o ouvido paranormal ou o sensitivo. A clariaudiência afirma ser "capaz de ouvir os sons, nomes, voz e música que vibra em uma freqüência maior".[23] Assim como os cachorros têm a capacidade de ouvir com maior freqüência que os humanos, os médiuns afirmam ouvir acima do normal no mundo dos espíritos.

Clarsiciência

Clarisciência — literalmente "claro sentido" — envolve supostamente receber uma emoção projetada através de outra pessoa em todos os níveis, transmutando as energias e tornando-as positivas.[24] "Em geral, a verdadeira clarisciência sentirá a personalidade do espírito surgindo em todo o seu ser."[25]

Psicometria

A suposta habilidade para designar a faculdade extra-sensorial de alguns indivíduos em extrair o conteúdo de algum objeto ou evento impressos fora de nossa realidade física. O médium entra em transe, segura o objeto, e depois procura interpretar a alegada emanação da energia que vem do objeto. Usando a psicometria, o médium afirma que pode sentir através do próprio objeto se o dono está vivo ou passou para o "outro lado".

Bola de Cristal

Alguns adivinhos procuram informação paranormal ou conhecimento do futuro por meio da interpretação dos cristais. "Fixando os olhos no vidro, o clarividente entra em estado de transe e é capaz de ver os acontecimentos."[26]

Muitas pessoas têm uma idéia errada em conseqüência do olhar fixo dos médiuns para a bola de cristal. Pensam que eles vêem alguma coisa na própria bola. Na realidade, a bola de cristal permite apenas que o médium a focalize. Olhar fixamente para ela traz imagens ou palavras à mente dos médiuns. A própria fixação pode ajudar a induzir a um estado alterado de consciência, no qual traz a visão psíquica.

Leitura de Aura

Os ocultistas acreditam que a aura é uma energia invisível — uma "força de vida" — que emana através de uma pessoa e envolve o corpo físico. O parapsicólogo Hazel Denning explica:

> No corpo saudável, a aura se estende para fora do corpo em forma de leve revelação. A doença no corpo é indicada por uma aura triste. A aura básica é branca e se estende para fora do corpo, cerca de um a dois centímetros.[27]

Os médiuns afirmam serem capazes de ler auras. Eles dizem que podem obter informações acerca da personalidade, necessidades e de cada doença, notando alterações na cor da aura da pessoa. A aura murcha indica que a morte está para acontecer.[28]

Experiências Fora do Corpo

Na experiência fora do corpo, também chamada *projeção astral*, o corpo permanece parado enquanto a própria alma ou espírito supostamente sai do corpo e viaja para diferentes posições em um abrir e fechar de olhos.

A alma pode viajar para a casa do vizinho ou percorrer distâncias ilimitadas dentro de espaços exteriores. Como um médium disse: "A viagem astral não é nada mais do que o nosso espírito tirar uma pausa desse enfadonho corpo... a fim de visitar quem quer que desejemos".[29]

Alguns médiuns alegam que, durante suas experiências fora do corpo, conversam intimamente e aprendem através da espiritualidade avançada das pessoas. Alguns chegam a dizer que suas viagens astrais transpuseram a verdadeira esfera de Deus.

Os ocultistas geralmente falam de uma corda fina cinzenta que permanece conectada entre a própria alma e o corpo no umbigo. Essa corda deve ser quebrada, e então o corpo morre e a alma atravessa para o "outro lado".

Shirley Macline afirmou ter experimentado esse fenômeno.

Fenômeno Fantasma

Esse final inclui termos relatados de fenômeno fantasma, incluindo *poltergeists, materialização, transfiguração, teleportação e fotografia espírita*. Você verá que esses termos são fáceis de compreender.

Fantasmas

Fantasma é uma aparência imaterial de uma figura humana de uma pessoa ou animal. Supostamente, o espírito, alma, aparição, ou "corpo astral" da pessoa (ou animal) ainda não passou para o "outro lado", mas permaneceu na terra após a morte. Algumas vezes, o fantasma é semi-transparente, sombrio, ou nebuloso. Os parapsicólogos chamam de *ectoplasma*. Às vezes, os fantasmas não se manifestam de modo visível, porém movem os objetos, produzem barulho (como de pisadas), ou fazem piscar as lâmpadas ligadas.[30]

Sylvia Browne afirma que a maioria dos espíritos procede de dentro do túnel branco da luz (o "outro lado"), seguido do momento da morte. Alguns, entretanto, recusam a entrar no túnel e escolhem permanecer na terra, sem seus corpos, rondando por uma série de razões.[31] Abordarei sobre os fantasmas em maiores detalhes nos capítulos 4 e 5. Demonstrarei que os fantasmas e o fenômeno *poltergeist* não envolvem os espíritos de pessoas mortas, mas sim espíritos demoníacos.

Poltergeists

Polter é uma palavra alemã que significa "barulho" ou "estrondo"; e *geist*, "fantasma" ou "espírito". *Poltergeist*, então, refere-se a um barulho de fantasma ou espírito. Um *poltergeist* é um intruso invisível, um fantasma traquina barulhento (som de sino, por exemplo), rompedor, e que move objetos inanimados, como mobília. Cheiro repugnante, quartos frios e aparições podem ser supostamente associados a esse fenômeno.[32] Acredita-se que certos *poltergeists* também podem ser benevolentes ou malevolentes.

James Van Praagh sugere que "poltergeists podem ser atribuídos a espíritos terrenos que estão tentando chamar a atenção de vivos".[33] O fenômeno está geralmente limitado a uma única casa. Van Praagh acredita que "muitos espíritos no 'outro lado' estão envolvidos na libertação dessas almas perdidas e mal orientadas".[34]

Materialização

Uma materialização é um fenômeno raro cujo fantasma ou espírito toma a forma de um ectoplasma. Assim como Van Praagh descreve: "Uma substância sem cor e sem cheiro conhecida como ectoplasma emergirá através dos ouvidos, nariz, boca, ou áreas plexo solar do médium e forma de ordem 'fisica'". Ambos, a parte do espírito (membros parciais, rosto, cabeça, ou tronco) ou o espírito inteiro, podem tomar forma usando essa substância.[35] De acordo com alguns, os espíritos de animais também podem se materializar.[36]

Transfiguração

Um espírito do "outro lado" pode supostamente aparecer na própria face do médium. Esse fenômeno é conhecido como uma transfiguração. Por exemplo, uma médium pode mudar sua aparência para um homem velho. Os espíritos de animais também podem se transformar através da transfiguração.[37]

Teleportação

A palavra *teleportação*, do latim *apportare*, refere-se a objetos que são transportados sem intervenção material durante uma sessão.[38] Eles são geralmente objetos pequenos, tais como jóias, pedras, moedas ou flores.[39]

Fotografia Espírita

De acordo com os médiuns, as câmeras são mais sensíveis às ondas da luz que o olho humano. Os médiuns afirmam que câmeras podem detectar a energia dos corpos dos espíritos que são invisíveis aos olhos humanos.[40] Feiras de finais de semana paranormais normalmente oferecem cursos de fotografia de espíritos.

Isso não foi tão mal, não é?! Terminado esse breve curso intensivo na terminologia ocultista, agora daremos uma melhor examinada nos supostos fantasmas e assombrações. Esteja preparado para mais estranhas alegações!

4

SUPOSTOS FANTASMAS E ASSOMBRAÇÕES

Enquanto estava fazendo uma pesquisa para este livro, encomendei vários dos mais populares livros da loja virtual Barnes e Noble, onde havia encomendado centenas de livros no passado. Várias semanas depois que fiz o pedido, recebi um telefonema do departamento de serviço ao consumidor. O representante me disse que enquanto a caixa de livros estava sendo enviada a mim, foi extraviada, e nenhum único livro foi encontrado em nenhum lugar. Eu disse: "Ok..." Meus olhos diminuíram. A pessoa ao telefone me disse que seria enviada outra remessa dos mesmos livros imediatamente. Eu disse: "Está bem".

Depois de desligar o telefone, pensei comigo mesmo: *Será que os poderes das trevas estão tentando impedir minha pesquisa? Talvez o Diabo não queira que eu veja esses livros*. Porém, depois pensei: *Humm... talvez Deus não queira que eu veja esses livros*. Isso pareceu improvável para mim, contudo, como um apologista profissional eu vinha lendo livros religiosos e ocultos por décadas. Então, pensei comigo mesmo: *Bem, isso pode ser simplesmente um mau serviço postal!*

De qualquer forma, os livros finalmente chegaram, e após lê-los, tenho de dizer que muitas pessoas têm dado opiniões consideráveis a respeito de fantasmas. Na verdade, 38% dos americanos acreditam que não somente esses fantasmas existem, mas que podem voltar e visitar-nos. Isso ultrapassa a terça parte de todos os americanos.

Neste capítulo, analisaremos algumas das mais comuns idéias acerca dos fantasmas que estão circulando atualmente na América. A seguir, no capítulo 5, farei uma crítica dessas idéias.

O que É um Fantasma ?

Um fantasma, de acordo com os médiuns, é uma espécie de manifestação da aparição de uma pessoa morta — ou, em alguns casos, de um animal. Provavelmente é o espírito, alma, fantasma, ou "corpo astral" de uma pessoa (ou animal) que passou para o Outro Lado, mas ainda permaneceu na terra após a morte. A médium Sylvia Browne alegou que, na morte, os espíritos da maioria das pessoas aceitam a realidade de suas mortes e imediatamente atravessam por algum tipo de túnel para entrar em uma dimensão espiritual conhecida como o *Outro Lado*.[1] No Outro Lado, esses espíritos podem continuar progredindo e evoluindo. Um fantasma, entretanto, também "vê o túnel e pode querer ou se recusar a atravessar, com a desculpa de que pode ser apanhando, do outro lado do corpo, entre nossa dimensão e a dimensão do Outro Lado".[2]

Os médiuns alegam que quando esses espíritos de fantasmas não entram no túnel que conduz ao Outro Lado, estão sob profunda desilusão de que ainda estão vivos e não morreram. O investigador paranormal Leslie Rule alega que tais espíritos "não têm noção do tempo de passagem. Um século pode ser simplesmente segundos do Outro Lado. Caçadores de alma parecem existir em um estado de confusão. Isso pode parecer um pequeno como ser preso no sonho". [3]

Os médiuns alegam que tais espíritos reconhecem isso; por alguma razão, o mundo parece tratá-los como se não mais existissem. Isso supostamente aumenta a confusão dos espíritos.[4] Uma situação similar foi retratada por Bruce Willis no filme *O Sexto Sentido*. O personagem Bruce Willis foi morto, e seu espírito permaneceu na terra, e só no final do filme é que se percebeu isso.

Browne alega que uma vez que o espírito entra no Outro Lado, os médiuns não podem vê-los com facilidade ou ouvi-los porque estão em uma dimensão espiritual de todo diferente. Entretanto, os espíritos ainda não entraram nessa dimensão, então eles são fáceis de se ver e ouvir.[5] "Porque eles estão obstinadamente presos nessa dimensão após a morte, são facilmente mais residentes ao espírito do mundo em relação a nós que ouvimos e vemos."[6]

Quando tais fantasmas aparecem, são semitransparentes, sombrios e como um nevoeiro. Os parapsicólogos chamam isso de substância ectoplasma. Algumas vezes os fantasmas não se manifestam visivelmente, mas fazem sua presença notada por objetos que se movem, fazendo barulho (como pisadas), ou fazendo piscar uma luz.[7]

Por que os Espíritos supostamente Voltam

Os espíritos podem viver do Outro Lado pelo fato de escolherem não entrar no túnel? Os médiuns oferecem uma variedade de opiniões acerca desse assunto. Char Margolis, por exemplo, sugere que eles se recusam a entrar no túnel porque simplesmente não desejam progredir. Ela alega que eles são geralmente dedicados para um lugar ou pessoas vivas na terra.

"Essas pessoas ainda amam você, ainda querem confortá-lo. O amor não morre porque uma pessoa morre. A conexão esteve lá, e sempre estará."[8]

Os médiuns algumas vezes alegam que os espíritos rondam a terra porque seus entes queridos não querem que eles se vão. Margolis diz: "Conheci pessoas que se recusaram a deixar o espírito de seus cônjuges irem, ainda que o espírito quisesse progredir para o próximo nível".[9] Desse modo, ela argumenta que o melhor presente que podemos dar aos nossos entes queridos é a permissão para que sigam para o Outro Lado, onde podem continuar a progredir.

James Van Praagh alega que alguns espíritos rondam a terra e retornam ao seu velho ambiente caso partam da terra de repente ou violentamente (por exemplo, se morrerem em um acidente de carro). Van Praagh afirma que eles não ficam de todo cientes do que lhes aconteceu. Essa é a razão por que ainda pensam que estão vivos.

Van Praagh diz que outros espíritos podem retornar para proteger ou avisar um ente querido de estar em perigo.[10] Isso foi retratado no filme *Ghost* quando o espírito do personagem representado por Patrick Swayze tentou avisar sua namorada ainda viva que ela estava em perigo.[11]

Van Praagh também alega que os espíritos podem retornar para cuidar de negócios inacabados. Por exemplo, se uma pessoa foi assassinada, ela pode voltar como um fantasma procurando justiça ou vingança. Isso também foi ilustrado no filme *Ghost*, com o personagem-fantasma, interpretado por Patrick Swayze, fazendo justiça com seus assassinos.[12] Uma vez que a justiça é obtida, os médiuns acreditam que os espíritos ficam livres para ir ao Outro Lado.

Existe ainda outra possibilidade. Van Praagh afirma que, se um criminoso morrer, seu espírito pode procurar vestígios no plano terrestre a fim de evitar ir para o inferno ou purgatório. Nesse caso, o fantasma está atuando fora de noção de autopreservação.[13]

Outros médiuns alegam que os eméritos podem rodear a terra simplesmente porque estão curiosos acerca do que se passa por aqui, "apenas para ver o que está acontecendo no mundo dos vivos. Eles ficam curiosos, como se estivessem na vida".[14]

Os médiuns ainda dizem que os espíritos podem rondar a terra por causa de sua ganância pessoal. "A preocupação com a terra ou dinheiro tem sido carregada para além. Existem muitas informações de espíritos possessivos que não podem abrir mão de suas preciosidades terrenas."[15]

Por fim, alguns médiuns alegam que um espírito pode retornar se a pessoa que morreu não recebeu um enterro próprio ou se sua sepultura foi violada de alguma forma.[16] Isso é ilustrado no filme *Poltergeist*, onde a casa foi construída em cima de um antigo cemitério que foi transferido para uma outra parte da cidade.

Supostas Indicações de um Fantasma

Os médiuns indicam um número de sinais que podem indicar que um fantasma está presente. Os sinais públicos incluem passos, barulho de batidas na parede, toque de campainhas (como o telefone), gargalhadas e gritos desencarnados, ou um murmúrio. Objetos podem mudar de lugar. Animais de estimação podem se comportar de maneira estranha, tal como um cachorro que late para o ar.

Em geral afirmam que, quando um fantasma está presente, o quarto pode de repente se tornar frio, como retratado no filme *O Sexto Sentido*. Uma brisa repentina pode encher o quarto. Ou podem surgir estranhos cheiros — fragrância penetrantes ou um horrível mau cheiro.[17] Os médiuns alegam que as luzes podem acender e apagar aleatoriamente ou apenas vibrar de forma rápida, a descarga do banheiro dispara por acaso, e aparelhos elétricos podem ligar e desligar.[18] Às vezes, um fantasma poderá apagar uma lâmpada incandescente — mas somente quando um pessoa viva estiver por perto para testemunhar isso.[19]

Em alguns casos, os médiuns dizem que as pessoas podem ter um sentimento estranho de que alguém está presente ou que elas estão sendo observadas — um sentimento que faz com que os cabelos da cabeça se arrepiem (como em *O Sexto Sentido*).[20] As pessoas podem sentir um tapa no ombro ou como se alguém lhes passasse as mãos. As portas ou gavetas podem abrir, aparentemente sozinhas.[21]

Os médiuns também informam exemplos de fenômeno da voz eletrônica. A face da pessoa amada pode aparecer na TV sintonizada em um canal particular, ou uma voz pode falar no rádio não sintonizado em um canal particular. [22]

Os médiuns também relatam sinais de visíveis, mas transparente, aparições como de um nevoeiro. Em alguns casos, podem simplesmente ver uma sombra. Investigações paranormais dizem que tais aparições podem acontecer em vários lugares. Por exemplo, uma figura de fantasma pode aparecer na janela. As pessoas do lado de fora da casa em geral são as únicas que alegam ver a imagem surgindo. Em outros casos, um fantasma pode aparecer no reflexo do espelho, talvez surgindo acima do seu ombro (como no filme estrelado por Reese Witherspoon, *E se Fosse Verdade*).

Investigações paranormais alegam que tais fenômenos podem surgir tão rápido que uma pessoa pode pensar se aquilo verdadeiramente ocorreu. "Geralmente uma pessoa que testemunha este tipo de evento paranormal está tão esperta que é como se o universo soluçasse. As coisas estão fora da ordem por uma fração de instantes. No próximo instante, tudo estava normal de novo."[23] As pessoas geralmente querem saber: *O que realmente acontece?*

Suposta Atividade Poltergeist

Como vimos, um *poltergeist* é um "fantasma barulhento" ou "espírito barulhento".[24] É como um barulhento e perturbado intruso.[25] Os médiuns afirmam que esses espíritos gostam de fazer brincadeiras com pessoas — tais como balançar camas e lançar coisas ao redor da casa.[26] Um retrato sensacionalista disso é *Poltergeist*, de Steven Spielberg, onde o quarto de umas das crianças é tão infestado por fantasmas barulhentos que virtualmente uma dúzia dessas coisas voam ao redor do quarto.

Supostas Assombrações

As pessoas ficam fascinadas pelo fenômeno de casas assombradas, hotéis e outros lugares. Qualquer que seja a razão, milhões de americanos acreditam que assombrações estão genuinamente tomando lugar em nosso meio.

As assombrações ocorrem quando os espíritos terrestres escolhem ficar atrás da terra em vez de entrarem no "perfeito brinquedo" do Outro Lado. Os espíritos também escolhem se revelar por vários meios para os novos ocupantes de seus antigos habitantes.[27] Sylvia Browne assegura-nos de que assombrações são muito mais comuns do que pensamos! Apresentarei dois exemplos representativos de afirmações das atuais assombrações.

Um Insultuoso Despertar na Noite

O parapsicólogo Haze Denning, em seu livro *Hautings: Real-Life Enconters with Troubled Spirits*, descreve uma senhora que encontrou uma assombração na noite. Seu marido partiu para uma convenção de banqueiros, e ela então ficou sozinha com seu filho, ainda bebê, por uma semana. Uma noite, ela acordou às 3 horas da madrugada e sentiu que não estava sozinha. Primeiro suspeitou que um assaltante pudesse ter entrado na casa, e abriu seus olhos cuidadosamente. Lá fora as luzes da rua iluminavam seu quarto muito bem, mas não viu nada incomum. Ela virou sua cabeça bem devagar para dormir. Não via nada, mas ainda tinha uma forte sensação de uma presença próxima. Suas mãos tremiam. O pânico, terror e impotência a pressionavam, e ela cobriu a cabeça com o cobertor. Nada acontecia. Por fim, ela se acalmou o suficiente para voltar a dormir.

A mulher teve uma experiência parecida pouco depois enquanto seu marido estava ausente. Ela recordou: "Sentei-me assustada em prontidão na cama, então com uma voz firme consegui dizer: 'Esta é a MINHA casa, você não tem direito de estar aqui, então... SAIA, AGORA, e não volte mais'".[28] A senhora afirma que a atmosfera em sua casa mudou dramaticamente e o sentimento opressivo se foi. Ela acredita que teve uma experiência com uma assombração, embora isso tenha cessado após seu confronto com o espírito indesejável.

O Filho Apavorado

O livro *I Never Believed in Ghosts Until* relata uma suposta assombração no quarto de um menino. A mãe afirma que costumava se aborrecer com seu filho Ed porque quando ia acordá-lo em seu quarto para ir à escola ou ao trabalho, ele nunca estava lá. Ela geralmente o encontrava dormindo no sofá do escritório. Mais tarde, essa mãe descobriu a razão de ele nunca dormir em seu próprio quarto. Ele ficava apavorado e acordado em várias ocasiões, em geral nas primeiras horas da manhã, com a sensação de que alguém estava no quarto mesmo que não visse ninguém. Durante essas horas, ele permanecia paralisado, incapaz de mover um dedo, por mais que o tempo parecesse longo. O menino afirma que em muitas ocasiões acordava apenas para se achar como um fracassado em cima da cama. Ele nunca viu nada. Simplesmente tinha a sensação de uma presença no quarto. O único momento em que pôde tirar um bom sono foi quando dormia no escritório.[29]

Grupos de Investigação Paranormal

Por causa da predominância de supostas assombrações ao redor do mundo, os grupos de investigação pararnormal parecem estar se propagando em todo lugar. Tais grupos normalmente usam um equipamento de bateria *high-tech* em suas investigações. Por exemplo, usam um medidor de campo eletromagnético porque os fantasmas fornecem muito menos leitura magnética que os objetos artificiais em uma casa. Eles fazem leitura de temperatura pelo fato de os fantasmas apresentarem uma repentina queda na temperatura. Às vezes, usam câmeras térmicas, que revelam manchas frias no quarto, indicando a localização dos espíritos.[30] Eles também fazem a gravação do áudio porque a ouvido nu não se pode captar todas as coisas que estão se passando no quarto ou na casa.[31]

Esse tal grupo de pesquisa paranormal é o Southern Wisconsin Paranormal Research Group. Eles não fazem uso de médiuns, sessões, ou Tábua de Ouija, nem são caçadores de fantasmas. Antes, "o grupo usam equipamento *high-tech* para investigar e documentar atividades paranormais em toda parte do Meio Oeste, a fim de trazer credibilidade à parapsicologia".[32]

O fundador desse grupo diz que 98% do que o Paranormal Researh Group encontra é normal e natural. "Acho que muitas pessoas chegam a conclusão: 'Vamos ver fantasmas'. Bem, é o que justamente não acontece."[33]

Quando o grupo parte para o campo e faz uma investigação, sempre leva um arsenal de equipamentos de gravação e dispositivos eletrônicos sensíveis para medir o espectro magnético. Os componentes também usam câmeras digitais e convencionais, assim como uma fita de gravação para capturar o fenômeno da voz eletrônica.[34]

Um outro grupo é o Little Egypt Paranormal Investigation Team em Vienna, Illinois. A fundadora do grupo era uma cética acerca das aparições fantasmas, até que seu filho de treze anos declarou de forma trivial que simplesmente viu seus avós no quarto (ambos mortos recentemente). Ela queria descobrir o que estava acontecendo, então fundou o grupo de investigação paranormal. Quando ela investiga supostas assombrações, primeiro faz um espaço de ensaio para pegar um tato para o plano do lugar e um senso do que é normal. A seguir ela visita a localização no crepúsculo e começa a procurar por fantasmas. "Nós falamos com os espíritos", ela disse. "Quando falamos com eles, estamos tentando encontrar provas de que estão lá. Acho que querem que saibamos que estão lá." Até então, ela não viu nenhum fantasma.[35]

Deixando sua Casa para Trás

Os investigadores médiuns e paranormais alegam que se sua casa está sendo assombrada e fantasmas o estão importunando, você deve abandoná-la! Vários médiuns sugerem diferentes soluções.

Um médium afirma que, se você precisa "falar com eles, deve ordená-los que vá para o quarto da casa ou para o sótão".[36] Dessa forma, somente essa parte de sua casa é assombrada. O resto da casa é limpa da atividade fantasma.

Van Praagh diz que alguém pode limpar uma casa por meio da meditação. Durante tal meditação, uma pessoa envia pensamentos para o problemático espírito. Quando envia pensamentos para o fantasma, Van Praagh diz, que o incentiva a pedir ao espírito dos pais ou avós para guiá-lo ao Outro Lado. Após encorajá-los, serão muito mais felizes lá. Limpando a casa dessa forma, Van Praagh diz que este ato pode durar alguns dias ou poucas semanas.[37]

O parapsicólogo Loyd Auerbach descobriu como lidar com os fantasmas. Ele os incomoda, jogando música obnóxia acompanhada por efeitos de luzes. (Como se isso fizesse efeito, uma vez que seria naturalmente esperado que fantasmas nunca freqüentassem casas onde adolescentes vivem!) Ou, Auerbach diz, você pode pegar um livro de brincadeiras, lê-los em voz alta, e informar ao fantasma que isso continuará até que eles se vão. O fantasma parte rapidamente![38]

O investigador paranormal Nancy Myer sugere regras de comportamento de como fazer a limpeza dessas mesmas casas de fantasma. Não usar parafernálias ocultistas tais como Tábua de Ouija ou carta de tarôs. Não se empenhar em práticas ocultistas tais como sessões. Essas coisas somente tornarão a casa pior, diz Myer.

Por outro lado, de fato visualize sua casa sendo permeada com luz verde-esmeralda. Depois disso, visualize a luz da energia branca inundando sua casa. Essas são supostamente fortes energias positivas. Energia negativa, tais como fantasmas malvados, tem problemas num lugar carregado com luz verde e branca. Essa técnica de visualização pode levar várias semanas para limpar a casa.[39]

Todos os Fantasmas eventualmente Entram na Luz

Indiferentemente de quais técnicas se usam para limpar essas casas, os médiuns afirmam que todos os fantasmas de forma conseqüente encontram seu caminho na luz do Outro Lado. O maior obstáculo, Sylvia Browne diz, é convencer esses espíritos de que estão mortos. Uma vez convencidos, levá-los a sair é mais fácil.[40] Felizmente, Browne afirma, os espíritos do Outro Lado estão supostamente cientes desses espíritos problemáticos e envolvidos em suas próprias intervenções compassivas, a fim de que encontrarão completamente a luz do Outro Lado.[41]

5

A Verdade sobre os Fantasmas e Assombrações

Muitos hoje em dia estão convencidos da evidência dos fenômenos fantasmagóricos, isto é, acreditam que pessoas mortas aparecem entre nós. Muitos livros dão evidências para essas aparições. Entretanto, precisamos nos lembrar somente do que Salomão — o homem mais sábio que já existiu (1 Rs 3.12; 4.29-32; 5.12; 10.23) — disse em certa ocasião: "O que primeiro começa o seu pleito justo parece; mas vem o seu companheiro e o examina" (Pv 18.17). Muitos versículos na Escritura incentivam os cristãos a exercitar sabedoria e discernimento a fim de que não sejam enganados:

- Provérbios 3.21 aconselha-nos: "Filho meu, não se apartem estas coisas dos teus olhos; guarda a verdadeira sabedoria e o bom siso".
- Efésios 4.14 recomenda-nos a que "não sejamos mais meninos inconstantes, levados em roda por todo vento de doutrina, pelo engano dos homens que, com astúcia, enganam fraudolosamente". Em outras palavras, não acreditem em tudo que ouvem!

• 1 Timóteo 4.7 adverte-nos: "Mas rejeita as fábulas profanas e de velhas e exercita-te a ti mesmo em piedade".

• Zacarias 8.16 instrui-nos: "Falai a verdade cada um com o seu companheiro..."

Meu objetivo neste capítulo é falar a verdade. Vamos esclarecer alguns passos iniciais concernentes a falsos mitos e examinar com julgamento e discernimento.

Experiência Baseada no Fenômeno Paranormal

Como se pode observar, muitas dessas evidências de fenômeno paranormais são baseadas em experiências e sentimentos, não em uma exigência objetiva. Um entusiasta por fantasmas comentou que "se sentiu como se estivesse sendo observado e não via ninguém lá", e fez referência à "arrepios, exatamente atrás da nuca, e uma sensação de frio".[1] Com o devido respeito, se alguém está fazendo afirmações extraordinárias, deve dar suporte a essas afirmações com evidências extraordinárias, não mero sentimentos.

A visão periférica é muito sensível a impulsos. O problema é que a visão periférica não focaliza as formas específicas, simplesmente detecta o movimento. Algumas pessoas, quando sentem um movimento aleatório do lado de fora de sua visão focalizada, chegam a conclusão de que o fantasma já se foi.[2] Na realidade, a passagem de um carro pode ter causado um breve reflexo da luz que brilha dentro da casa. As experiências podem ser enganosas. Elas são muito subjetivas e podem com facilidade ser mal interpretadas.

Um outro problema é que pessoas podem não necessariamente relatar suas experiências de modo correto. Como um analista disse, confiar na experiência de alguém "é delicado, a menos que alguém possa ter certeza de que a experiência que eles passaram é exatamente a mesma que relataram. Duvido que o mesmo possa acontecer".[3] A falta de relatório confiável é bem ilustrada no suposto OVNI de Roswell, Novo México. O artigo da U.S News & World Report forneceu este relato:

> Muitas das testemunhas chaves de Roswell mudaram suas histórias várias vezes e foram pegas falando falsidades... O primeiro

> grupo de testemunhas oculares acreditou que alguns escombros dos estilhaços do refletor de radar eram de uma nave espacial. Essas testemunhas não diziam nada acerca dos corpos dos alienígenas. Após um episódio de TV, em 1989, chamado "Unsolved Misteries", um segundo grupo de "testemunhas" apresentou-se com histórias bizarras sobre descobertas alienígenas. Ninguém do segundo grupo contou uma história plausível ou consistente. Jim Ragsdale, por sua vez, disse que observou quatro corpos de alienígenas próximos a nave espacial. Mais tarde, afirmou que viu nove corpos de alienígenas, dos quais removeu um capacete de ouro, e os enterrou na areia.[4]

Esse episódio ilustra a demasiada tendência que as pessoas têm de enfeitar o que elas experimentaram, geralmente adicionando detalhes sensacionais para fazer com que suas histórias pareçam mais interessantes e fascinantes. Essa tendência nos impede de confiar em muitas pessoas importantes que têm relatado, através dos anos, supostos encontros com fantasmas.

Fenômenos Sleep e Fantasmas

Um fator-chave que enfraquece de maneira gradativa alguns dos relatos de atividades de fantasmas é o que envolve uma pessoa caindo num sono profundo. Um indivíduo afirmou ter acordado no meio da noite e disse que viu alguém no seu quarto, depois em seu closet e depois passando próximo a sua cômoda. Ele disse que sua esposa estava dormindo profundamente, então a suposta aparição não pôde ser confirmada.

Quando uma pessoa desperta do sono, sua habilidade cognitiva e perceptiva pode estar fraca, e ele pode pensar que está experimentando algo de fato que não é real.[5] Uma pessoa pode despertar de um sono e pensar que ainda ouve vozes na casa. Uma vez que a pessoa fica completamente acordada, tais experiências estranhas desaparecem.

Algumas pessoas podem ter uma noite de medo e preocupação atribuindo isso a um fenômeno espiritual ou paranormal. Uma noite de medo é um intenso medo de algo que não apresenta um real perigo. Durante uma noite de medo, as pessoas podem experimentar uma variedade de sintomas, inclusive falta de respiração, respiração rápida, batimento cardíaco irregular, transpiração, náusea, uma sensação de desinteresse da realidade e sentimento total de medo.

Algumas pessoas, em tais estados, podem interpretar erroneamente sua experiências como um fantasma de assombração em sua casa.

Interpretações mal Feitas São todas muito Fáceis

Há pessoas que alegaram ter casas assombradas quando na realidade simplesmente interpretaram mal os detalhes. Por exemplo, uma pessoa estava certa de que sua casa foi invadida por fantasmas quando viu uma de suas pinturas suspensas ao ar. Ela também notou uma larga toalha de mesa na cozinha suspensa próxima a mesa no chão quando ela chegou em casa do trabalho, mas as flores, agenda, e outros objetos na mesa não se moveram. Ela também afirmou que a comida desapareceu da geladeira.

Isso dificilmente prova a evidência de uma atividade espiritual. Muitas explicações do que ocorreu na casa dessas mulheres são possíveis. A própria mulher poderia ter suspendido a pintura bem no alto e depois ter esquecido de ter feito. Ela pode de qualquer modo ter desarrumado a toalha de mesa da cozinha sem perceber. Pode simplesmente ter esquecido de que tinha comido certas coisas em sua geladeira. Um pernicioso adolescente poderia ter se envolvido. Quem saberá?

Qualquer que seja a explicação, entretanto, não vemos nenhuma razão que prove uma suspeita de qualquer tipo de intruso paranormal.[6]

Afirmações extraordinárias exigem evidências extraordinárias. É necessário um trabalho honesto para todos esses tipos de fenômenos fantasmas.

O Poder da Sugestão e Condicionamento

Um interessante fenômeno psicológico é que as pessoas tendem a ver o que têm sido condicionadas a ver. Por exemplo, no auge da moda da feitiçaria na Europa dos séculos XV e XVI — onde as pessoas tornaram-se *programadas* para ver bruxas — praticamente milhares de pessoas relataram terem visto bruxas voadoras. "Eu não teria *acreditado* nisso se não tivesse *visto* isso."

Dessa mesma maneira, por causa de muitos filmes populares, programas de televisão e livros acerca de fenômenos espirituais, algumas pessoas tornaram-se programadas para esperar o paranormal. Um crítico mencionou uma "correlação significante entre a descrição dos meios de comunicação dos eventos paranormais e a opinião das pessoas em relação as afirmações paranormais... A média de descrição que o paranormal faz parece influenciar o modo de as pessoas pensarem acerca do assunto".[7]

Afirmações Fraudulentas

Sejamos honestos. Assim como alguns dos médiuns hoje em dia se envolvem em atividades fraudulentas (documentarei isso mais à frente no livro), então fazem alguns que afirmam ver fantasmas. Mostrei a um fotógrafo profissional algumas fotografias que encontrei, e perguntei-lhe o que pensava. Mais especificamente, estava interessado se tais fotos poderiam com facilidade ser produzidas sem qualquer envolvimento de fantasmas. Ele olhou para as fotos, sorriu, e disse que isso seria fácil. Ele confirmou o que eu suspeitava a tempo — que alguém que sabe o que faz com uma câmera pode tirar boas e grandes fotos de fantasmas — sem quaisquer fantasmas envolvidos.

Os Fantasmas e o Oculto

Embora supostos encontros com fantasmas possam ser explicados dessa forma — encontro paranormal, má interpretação de data, subjetivismo absoluto —, as pessoas, às vezes, genuinamente encontram um espírito ou entidade — *apesar de não ser tal aparição uma pessoa morta*. Algumas pessoas encontram espíritos demoníacos que podem imitar pessoas mortas a fim de enganar os vivos (veja 1 Jo 4.1; 1 Tm 4.1-3). Muitos que alegam ter encontrado tais espíritos de entidades tiveram algum envolvimento anterior com o ocultismo.

Um crescente acervo de evidências sugere que o fenômeno *poltergeist* está imediatamente relacionado ao demonismo, e não a pessoas mortas. As pessoas que estão envolvidas em alguma forma de ocultismo — tais como espiritismo, necromancia e sessões — são em geral as únicas que experimentam tal fenômeno *poltergeirst*. John Ankerberg e John Weldon assim concluem que "o fenômeno *poltergeist* e essa conexão oferece uma forte evidência empírica para a natureza demoníaca dos espíritos. Na verdade, sabemos de casos de poltergeist que não podem ser considerados como uma base dessa teoria".[8]

Em casos em que não há fraude, um espírito demoníaco, de fato, pode estar causando o fenômeno paranormal. Quando corri atrás desse caso, a primeira coisa que quis saber foi: Será que a pessoa certa esteve envolvida em qualquer forma de ocultismo? Será que jogou a Tábua de Ouija, participou de sessões, ou consultou pessoas mortas? Tais envolvimentos são semelhantes por causa da forte conexão entre demônios e ocultismo.

Os Perigos do Ocultismo

Isso requer uma advertência muito forte. A pessoa que se envolve no ocultismo — seja consultando um médium, jogando a Tábua de Ouija, participando de sessão, ou de outras formas de adivinhação — pode sofrer fortes conseqüências do que simplesmente um fenômeno *poltergeist*. Especialistas que estudaram tais fenômenos relatam que aqueles que se envolveram com o oculto podem experimentar pensamentos compulsivos, uma aversão à Palavra de Deus e à oração, instabilidade, nervosismo, depressão profunda, e até mesmo insanidade.[9]

De forma surpreendente, os próprios médiuns são contra algumas "más energias", uma vez que podem se achar participando de certas práticas ocultistas. Char Margolis, por exemplo, alega que "existem energias e espíritos do lado de fora que não desejam que fiquemos bem e que enganam... Em alguns casos, usar ferramentas de médiuns como a Tábua de Ouija pode ser perigoso para as crianças, assim como ingerir drogas".[10] A médium Nancy Meyer concorda: Nada como a tábua de Ouija para "abrir uma porta para o Outro Lado que é quase impossível de se fechar". De maneira compreensível, ela recomenda que toda pessoa deve evitar a Ouija. Dale Kaczzmarek, um investigador paranormal, também concorda, advertindo que "muita violência e condições de perigo em potencial estão presentes para aqueles que usam a tábua".[11] Os próprios médiuns advertem-nos sobre o encontro com entidades espirituais malignas durante as práticas ocultistas!

Quando os médiuns falam acerca do perigo de certas práticas ocultistas, eles concluem que consulta *com eles* a fim de contatar pessoas mortas é segura. Vamos ser claros: Consultar médiuns como Char Margolis ou Nancy Myer pode levá-lo a aflições demoníacas, da mesma forma que jogar Tábua de Ouija. A Escritura, entretanto, condena *todas* as formas de ocultismo (Dt 18.9-13). Caro leitor, cuidado!

Pessoas Mortas não São Fantasmas

Uma outra razão para sabermos que encontros genuínos com espíritos envolvem demônios, e não pessoas mortas, é esta: a Bíblia mostra que pessoas mortas não estão autorizadas a visitas terrenas como os espíritos. Na morte, o espírito do crente se retira do corpo físico e imediatamente vai para a presença do Senhor no céu (Fp 1.21-23). Quando Estêvão estava sendo apedrejado até a morte, ele orou: "Senhor Jesus, recebe o meu espírito" (At 7.59). No momento da morte "o espírito volta a Deus, que o deu" (Ec 12.7).

Em 2 Coríntios 5.8, aprendemos que os crentes desejam "deixar este corpo para habitar com o Senhor". A palavra grega *pros* é usada como "com" na frase "para habitar com o Senhor". Essa palavra significa comunhão face a face. É uma palavra usada para relacionamentos íntimos. O versículo mostra por meio disso que a comunhão que teremos com Cristo é seguida imediatamente da morte física, e será muito íntima. Não esqueça este detalhe: *Os crentes que morreram não estão mais na terra, ecsim com o Senhor no céu, onde permanecerão em intimidade perpétua e comunhão com Ele.*

Para o não-crente, a morte será uma terrível conseqüência. Na morte, o espírito do não-crente não vai para o céu, mas está involuntariamente encerrado a um lugar de grande sofrimento (Lc 16.19-31). Em 2 Pedro 2.9 está escrito: "sabe o Senhor livrar da tentação os piedosos e reservar os injustos para o Dia de Juízo, para serem castigados". *A injustiça ainda não está na terra, nem eles têm acesso a terra!*

Qualquer que sejam as pessoas que estão se encontrando nas supostas casas assombradas e hotéis, certamente, *não* são os espíritos de pessoas mortas vagando. Como já mostramos, a evidencia bíblica aconselha que se a pessoa está se encontrando com qualquer espírito de entidade como esses (por exemplo, através de práticas ocultas), é um espírito demoníaco.

O Grande Mascarado

A Escritura afirma que Satanás e seu bando de demônios têm a habilidade para personificar pessoas mortas. Eles trabalham em conjunto para dar crédito à falsa religião do espiritualismo e levar milhões de pessoas à perdição. Não devemos nos esquecer de que Satanás é um imitador perito.

- Satanás tem sua própria igreja — a "sinagoga de Satanás" (Ap 2.9).
- Satanás tem seus próprios ministros das trevas que pregam mensagens falsas (2 Co 11.4,5).
- Satanás formulou seu próprio sistema de teologia chamado "doutrina dos demônios" (1 Tm 4.1, ver também Ap 2.24).
- Os ministros de Satanás pregam uma imitação do evangelho — "outro evangelho além do que já vos tenho anunciado" (Gl 1.7,8).
- Satanás tem seu próprio trono (Ap 13.2) e seus próprios adoradores (13.4).
- Satanás inspira falsos cristos e constitui a si mesmo como messias (Mt 24.4,5).
- Satanás ocupa falsos mestres que introduzem "heresias de perdição" (2 Pe 2.1).
- Satanás envia falsos profetas (Mt 24.11).
- Satanás delega aos falsos apóstolos que imitem a verdade (2 Co 11.13).

Temos uma boa razão para suspeitar que Satanás também imita pessoas mortas a fim de enganar os vivos. Os demônios certamente estão mais do que dispostos a se disfarçarem de pessoas mortas e enganar milhões de pessoas, arrastado-as para longe de Jesus Cristo. Como Ankerberg e Weldon observaram:

"Esses espíritos já sabem que eles eventualmente serão enviados para sempre a um lugar que Jesus chamou de inferno (Mt 8.29). A Escritura leva-nos a concluir que a principal intenção dos espíritos é levar o máximo de homens possíveis ao inferno, impedindo-os da salvação (Jo 8.44; 2 Co 11.3,4,13,14; Hb 2.14; 1 Pe 5.8)".[12]

Os Mortos Sabem que eles Estão Mortos

A afirmação de que o morto não sabe que está morto pode ter sido bem representada pelo filme de Hollywood *O Sexto Sentido*, mas não tem base na realidade da Bíblia. O rico e Lázaro representam um bom exemplo desse assunto. Ambos estavam mortos, e ambos estavam completamente conscientes de que estavam mortos.

> Ora, havia um homem rico, e vestia-se de púrpura e de linho finíssimo, e vivia todos os dias regalada e esplendidamente. Havia também um certo mendigo, chamado Lázaro, que jazia cheio de chagas à porta daquele. E desejava alimentar-se com as migalhas que caíam da mesa do rico; e os próprios cães vinham lamber-lhe as chagas. E aconteceu que o mendigo morreu, e foi levado pelos anjos para o seio de Abraão; e morreu também o rico e foi sepultado. E, no Hades, ergueu os olhos, estando em tormentos, e viu ao longe Abraão e Lázaro, no seu seio. E, clamando, disse: Abraão, meu pai, tem misericórdia de mim e manda a Lázaro que molhe na água a ponta do seu dedo e me refresque a língua, porque estou atormentado nesta chama. Disse, porém, Abraão: Filho, lembra-te de que recebeste os teus bens em tua vida, e Lázaro, somente males; e, agora, este é consolado, e tu, atormentado. E, além disso, está posto um grande abismo entre nós e vós, de sorte que os que quisessem passar daqui para vós não poderiam, nem tampouco os de lá, passar para cá. E disse ele: Rogo-te, pois, ó pai, que o mandes à casa de meu pai, pois tenho cinco irmãos, para que lhes dê testemunho, a fim de que

> não venham também para este lugar de tormento. Disse-lhe Abraão: Eles têm Moisés e os Profetas; ouçam-nos. E disse ele: Não, Abraão, meu pai; mas, se algum dos mortos fosse ter com eles, arrepender-se-iam. Porém Abraão lhe disse: Se não ouvem a Moisés e aos Profetas, tampouco acreditarão, ainda que algum dos mortos ressuscite (Lc 16.19-31).

Aprendemos muitas lições importantes nessa passagem da Escritura:

- Ambos, o rico e Lázaro, não tinham dúvidas de que estavam mortos e passaram para a vida após a morte.
- Uma vez mortos, seus destinos estavam selados. Nada poderia mudar. Eles não tiveram uma segunda chance por meio da reencarnação.
- Uma vez mortos, não poderiam permanecer na terra como espíritos.
- O morto e o vivo não poderia entrar em contato um com o outro. Uma visitação à terra (neste caso, para avisar aos cinco irmãos) não seria possível.
- A morte do justo e a morte do ímpio são separadas. O ímpio fica no tormento. O Outro Lado não é, de igual modo, maravilhoso para todas as pessoas.

Neste capítulo, banimos mitos religiosos e focalizamos a atenção na investigação do julgamento e discernimento. Vimos que muitos espíritos relatam que estão baseados no experimentalismo subjetivo (sem provas autênticas), uma interpretação errônea de dados, um despertar de um sono profundo, ou uma fraude. Quando as pessoas encontram um real espírito, isso não é uma pessoa morta, mas um espírito demoníaco tentando enganar pessoas vivas.

A seguir, começaremos nossa investigação dentro do mundo paranormal dos médiuns. Teremos mais mitos a desvendar e um constante aumento de necessidade para sondar o julgamento e o discernimento.

6

Como os Médiuns Paranormais Atuam

Os médiuns paranormais alegam se comunicar com pessoas mortas. Os mais famosos, como James Van Praagh, John Edward, Sylvia Browne e Char Margolis, geralmente trabalham na TV nacional. Na verdade, essas pessoas têm acumulado fortunas por causa de suas supostas habilidades de se comunicarem com os mortos. Ao examinarmos como esses médiuns verdadeiramente atuam, descobriremos o que na realidade está acontecendo.

Primeiro, vamos examinar as afirmações dos próprios médiuns acerca dos métodos de atuação. A seguir, consideraremos as afirmações dos críticos. E, por fim, darei minhas próprias considerações.

Os Objetivos dos Médiuns

James Van Praagh declara que os espíritos em geral querem fazer contato com pessoas vivas a fim de assegurar aos entes queridos que tudo está bem. Eles podem supostamente ver seus entes queridos lamentando suas mortes, e então querem trazer conforto, assegurando-os de que a morte não é o fim e de que eles estão em um bom lugar.[1]

Todas as vezes que as pessoas vivas ouvem isso de seus pais mortos ou amigos (por meio de um médium, é claro), tudo muda em suas perspectivas, alega Van Praagh. "Com o conhecimento da morte, eles ficam livres para viver suas vidas. Num instante, a vida exausta de sofrimento torna-se uma vida pronta a viver cada dia e cada momento em novidade."[2] Eles estão em paz agora.

Van Praagh afirma que "o maior medo da humanidade tem sido a morte. Se abolirmos o medo da morte, poderemos começar a viver uma vida plena".[3] Ele afirma: "Muitas pessoas que vêm até mim querem se aproximar de seus entes queridos que passaram para o Outro Lado ou precisam de provas de que existe uma vida após a morte. O que ofereço é detalhe evidencial. É o que os ajuda a constatar que não existe morte".[4]

Uma outra razão de os espíritos geralmente procurarem contato com os vivos, Van Praagh afirma, é que eles podem pessoal ou espiritualmente evoluir para o Outro Lado até que os problemas terrenos tenham sido resolvidos. O próprio objetivo de Van Praagh é ajudar os espíritos a procurar e receber perdão para qualquer mal que tenham cometido durante sua vida terrena.[5]

Os Médiuns Descrevem seus Métodos

Os médiuns paranormais se consideram a ponte entre o mundo físico e o mundo espiritual. Eles alegam que seus objetivos são atuar como intermediários entre vivos e mortos. Isso é muito mais fácil do que se imagina, eles confirmam.[6]

A razão para isso, diz os médiuns, é que os seres humanos são compostos de átomos e moléculas que vibram relativamente em rotação lenta pelo fato de estarem em corpos físicos. Ao contrário daqueles no mundo espiritual (no Outro Lado) que são provavelmente compostos de átomos e moléculas que vibram numa velocidade muito rápida. A fim de dois mundos se comunicarem, os espíritos devem diminuir sua rápida rotação vibracional enquanto os médiuns paranormais devem aumentar sua baixa rotação vibracional.

John Edward fornece uma analogia. Ainda que um helicóptero tivesse duas das quatro hélices, você não poderia vê-las porque estão girando muito rápido.

O mesmo acontece com a rotação vibracional dos espíritos. Ao contrário da baixa rotação vibracional de um ser humano que é lenta como a hélice de um ventilador de teto. Você pode vê-los de maneira clara. Durante uma leitura mental, Edward diz que os espíritos diminuem essas vibrações enquanto o médium paranormal acelera. A comunicação supostamente toma lugar no espaço entre dois mundos.[7] Edward assegura: "Quando acelero e eles diminuem, através da grande divisão entre nossos dois mundos, nos reunimos em algum lugar no centro e nos comunicamos".[8]

Edward afirma que por causa do espaço entre os dois mundos — uma grande abertura — a comunicação pode ser dificultada. No meio dessa abertura, os espíritos provavelmente enviam pensamentos mentais, sentimentos e imagens, e a tarefa dos médiuns paranormais é interpretá-los.[9]

Ele também assevera que os espíritos não têm mais corpos físicos, inclusive bocas, línguas e cordas vocais. Não podem enunciar palavras, e por isso enviam pensamentos, sentimentos e imagens, que **o** médium paranormal expressa para os vivos.[10]

Edward alega que ele passou por uma série de exercícios para ajudá-lo em sua rotação vibracional. Ele começou meditando, concentrando-se para que suas "energias" fossem completamente focalizadas na palma da mão. Quando era católico, também rezava o rosário. Edward conta que uma vez os espíritos lhe mostraram um terço em volta de notas musicais. Ele interpretou isso como uma mensagem simbólica de que o rosário é musica para os ouvidos. O rosário nos leva para mais perto dos espíritos e traz os espíritos para perto de nós.

Van Praagh descreve o processo de um *bit* de modo diferente. Ele assegura que uma vez que os espíritos diminuem sua rotação vibracional, são capazes de enviar pensamentos para o médium paranormal telepaticamente.[11] Ele usa a analogia da estação de rádio para explicar seu conceito:

> É como uma estação de rádio... Eu verdadeiramente sintonizo se você for uma certa energia. Uma freqüência de uma voz de pessoa. E estou ouvindo sua voz. E ouvindo aquela voz, recebi impressões. Algumas vezes, isso é um cenário de algo. Algumas vezes é um sentimento de algo. E pego palavras em frente a mim.[12]

Van Praagh diz que ele pode se "desligar" quando deseja. "Quando termino, desligo o rádio e afasto qualquer desses poderes de consciência."[13]

Linguagem de Símbolos dos Médiuns

Edward compara os pensamentos, sentimentos e imagens que surgem dos espíritos para linguagem simbólica dos médiuns. Muitas vezes esses pensamentos, sentimentos e imagens são simbólicos. Um médium paranormal se torna mais fluente em compreender os símbolos, Edward afirma, que eles podem entender facilmente o que os espíritos estão procurando se comunicar.[14] Por exemplo, se Edward sente uma pressão em seu peito durante uma leitura, pode interpretar que isso significa que a pessoa morreu de um ataque cardíaco. Se Edward sente escuridão na área do peito, pode interpretar que a pessoa morreu de câncer.[15]

Edward diz que nunca ouve uma conversa social. Ele afirma que as pessoas, às vezes, têm uma idéia errada de que ele apenas repete o que ouviu verbalmente do espírito. Na realidade, ele alega que está interpretando e entregando informações simbólicas tão rápido quanto pode fazer. "Eu capto cenas em minha cabeça sem o som. Gostaria muito de estar ouvindo as vozes, mas não posso. São pensamentos."[16]

Edward alega que se estivesse verdadeiramente ouvindo uma conversa, poderia ser muito mais exato do que é.[17] Ele diz que erros de comunicação podem acontecer porque pode tirar conclusões errôneas de pensamentos, sentimentos e imagens. A primeira mensagem que surge, entretanto, muitas vezes é exata: o espírito procura assegurar aos próprios entes queridos que ele está bem, a fim de que possam ser confortados e encorajados.

Percepção Paranormal

Os médiuns paranormais geralmente alegam que utilizam percepções paranormais específicas para se comunicarem com espíritos. Por exemplo, John Edward alega que ele utiliza clariaudiência, clarividência, clarisciência, clariolfato e clarigustação. Apresentei definições básicas de três desses termos no capítulo 3.

Clariaudiência. Essa palavra significa literalmente "clara audição". Assim como os cachorros podem ouvir com mais freqüência que os homens, os médiuns paranormais alegam que ouvem além do normal no mundo dos espíritos. Edward diz que pode ouvir sons, algumas vezes incluindo vozes, que surgem dos espíritos. Às vezes, um médium paranormal pode ouvir apenas a voz de sua mente. "Imagine que enquanto você está lendo isso você também pense se vai ou não. Essa é a voz de sua mente. É dessa forma que as mensagens dos espíritos soam para mim."[18]

Clarividência. Esse termo literalmente significa "clara visão". É uma suposta imagem mental de objetos físicos ou eventos à distância por meios psíquicos. Isso inclui a habilidade para perceber coisas além da realidade física — dentro da região celestial, o realismo dos espíritos. Edward alega que pode ver objetos, símbolos e cenas comunicadas pelos espíritos. Essas imagens podem ser literal (por exemplo, a imagem de um carro pode indicar uma morte por acidente de carro) ou simbólica (por exemplo, ver um Ford pode levar a pensar que o último nome da pessoa é Ford). Um médium paranormal pode afirmar ter visão clarividente enquanto uma pessoa pareceu na terra.[19]

Clarisciência. Isso significa "clara percepção" ou "claro sentimento". Essa é uma habilidade para receber uma emoção projetada através do próximo ou de uma outra dimensão (espiritual) e experiência desta sensação emocional dentro de seu corpo. Um médium paranormal pode afirmar, por exemplo, como um espírito se sente agora ou como se sente antes e depois. Também pode afirmar sentir dor solidária — isto é, se uma pessoa teve dores articulares enquanto estava viva, o médium pode sentir a dor durante a comunicação com o espírito.[20] Edward alega que se ele não interpretar corretamente o sentimento ou emoção, isso aumentará gradualmente mais e mais até conseguir discernir isso de modo correto.[21]

Clariolfato e *clarigustação*. Clariolfato significa literalmente "claro olfato"; e clarigustação, "claro paladar". Um médium paranormal pode alegar sentir odores e gosto através do espírito. Por exemplo, pode alegar sentir algo que estava associadamente ligado a uma pessoa enquanto estava fisicamente viva, tal como um cigarro.[22]

Uma combinada experiência sensorial. Os médiuns paranormais dizem interpretar exatamente o que um espírito está tentando comunicar requer deles o uso destas várias percepções de acordo um com outro. Eles tentam interpretar todo o pacote — símbolos, sons e sentimentos — dentro de uma simples mensagem coerente. Os médiuns paranormais afirmam que seu trabalho pode ser extremamente desgastante.[23]

Falando como realmente É

Os médiuns alegam nunca adaptar ou mudar mensagens que recebem dos espíritos. Eles dizem que de fato não modificam comunicações através dos mortos, mesmo que a informação seja pessoal ou embaraçosa.[24] "O que quer que eu capto, meu cliente sabe." Edward afirma que os médiuns podem, entretanto, falar as coisas de uma maneira gentil e amável. Por exemplo, se o médium está sentindo um acidente de carro que ainda está por vir, ele pode dizer ao cliente: "Seja cuidadoso enquanto dirige".[25]

Alegações dos Críticos

Podemos analisar a percepção de como os médiuns paranormais genuinamente entram em contato com pessoas mortas e seus métodos bastante refinados. Mais adiante neste livro, veremos que se um médium paranormal se comunica com qualquer espírito, ele está em contato não com pessoas mortas, mas com espíritos demoníacos. No momento, todavia, quero voltar minha atenção às alegações dos críticos quanto a maneira de como os médiuns paranormais atuam. Algumas dessas descobertas são esclarecedoras.

Vamos Pescar

A despeito das melhores metodologias paranormais que temos mencionado, os críticos alegam que muitos médiuns paranormais pescam por informações durante leituras paranormais enquanto estão jogando vinte questões. Por exemplo, um médium pode perguntar em um auditório algo como: "Alguns de vocês têm um parente cujo nome começa com S? Ou R? Ou taltez D?

Algumas vezes, quando cartas são jogadas fora e estão relacionadas a uma pessoa, seja morta seja viva, um médium pode mencionar que essas cartas poderiam se referir tanto a uma pessoa morta quanto a uma pessoa viva. Isso aumenta grandemente a chance de sorte. Quase todos sabem que alguns nomes começam com S, R ou D.

Ou o médium paranormal pode dizer: "Você está passando por alguma mudança na vida nesse exato momento? Sinto que está passando por alguma mudança". Quase todos estão passando por algum tipo de mudança.

Uma outra forma funciona desse jeito: "Estou sentindo uma figura feminina. É uma mãe ou figura de mãe que passou para o Outro Lado". Não é necessário ser um cientista eficiente para reconhecer que grande porcentagem do público americano tem uma mãe ou figura de mãe que tenha morrido.[26] Ou o médium paranormal pode dizer: "Estou sentindo um homem que é mais velho que você". Todos conhecem um homem mais velho que morreu. Uma vez que o médium recebe uma resposta — uma vez que tenha encantado uma pessoa —, ele pode pescar outras informações pertinentes.

Ele também pode dizer: "Sinto que sua avó morreu e que você possui uma pedra de jóia dela. Sinto que essa jóia é um círculo fechado". É claro, muitas pessoas tem uma avó que já morreu. Além disso, muitas têm uma jóia que pertenceu a um parente morto. Em muitos casos, a peça de jóia é um círculo fechado — um anel, um colar, ou um bracelete.[27]

Os médiuns paranormais também podem obter informações acerca de como uma pessoa morreu. Por exemplo, se ele estiver falando com um cliente acerca da morte de seu pai pode dizer: "Estou sentindo uma dor no meu peito". Se ele recebe uma afirmação positiva, ele pode perguntar se o pai morreu de ataque cardíaco. (Obviamente, muitas pessoas no mundo morrem de ataque cardíaco.) Se o médium estiver errado acerca do ataque cardíaco, pode dizer que sente uma sombra no corpo, e depois perguntar se o pai morreu de câncer. Ou pode perguntar acerca da área da cabeça — talvez um golpe ou um ferimento da cabeça. Pelo fato de ataques cardíacos, câncer, pancadas e ferimentos na cabeça serem estatisticamente muitas causas comuns em nossa cultura. Dessa forma, o médium permanece com uma boa chance de sucesso para revelar a causa de morte da pessoa.[28]

O que todas essas coisas significam é que os médiuns paranormais em geral fazem perguntas de leitura que são estaticamente para extrair uma resposta de muitas pessoas, e uma vez que conseguem uma resposta, constroem em cima dessa informação e assumem a responsabilidade. Isso geralmente é chamado de "leitura fria" pelo fato de o cliente se portar "friamente", e o médium não ter nenhuma informação acerca da pessoa (ou pessoas, como é o caso do auditório de TV). Enquanto coletam informações, o médium também presta atenção à dica, no visual do cabelo, linguagem do corpo, postura e expressão facial. Em tais leituras frias, as senhoras normalmente fazem sucesso.

Um fator que pode aumentar grandemente as chances de audiência é o tamanho do estúdio de TV. Um estúdio normal tem cerca de 200 pessoas. Se cada pessoa no auditório conhece 50 outras pessoas (um conservativo estimado), uma quantia em potencial de 10 mil pessoas poderá relatar as questões ao médium que está perguntando. Ele está certo de conseguir algum tipo de resposta.[29] Como um crítico colocou: "A suposta revelação paranormal de Edward tem uma alta probabilidade estatística de ser verdade na vida de muitas pessoas".[30] O mesmo é verdade de todos os médiuns paranormais que aparecem antes da entrevista do estúdio.

Falsos e fraudadores

Alguns médiuns são muito mais espertos. Um número cada vez maior de médiuns tem sido acusado de fraudes. Será que suas *próprias advertências* acerca dos falsos e fraudadores paranormais pretendem desviar a atenção para longe de si mesmos?

James Van Praagh, por exemplo, adverte seus leitores acerca dos charlatões paranormais: "Se você planeja ir a um médium de qualquer tipo, ou deseja uma leitura, sempre vá com referência. Assim como em toda profissão, existem pessoas que são falsas e outras genuínas".[31]

Sylvia Browne diz que os médiuns se afiliaram a médiuns *hotlines*, 900 números, e aqueles que correm para anunciar em jornais são "falsos" e "patetas".[32] Ela diz: "Isso faz com que você se sinta tão mal pelo fato de apenas tentar legalizar algo que realmente é legítimo. Você encontra esses sujeitos em todo lugar".[33]

Os psicólogos geralmente dizem que as pessoas tentam condenar os outros do que eles mesmos são culpados. Alguém pode, entretanto, querer saber se

Van Praagh, Margolis e Browne estão procurando legitimar a si próprios à custa de outros médiuns.

Com certeza, aqueles que estudaram a história dos médiuns em geral alegaram que esse campo é confuso e tem casos de fraudes provadas. Investigadores tais como James Randi ("The Amazing Randi") e o cristão ilusionista Dan Korem (em seu livro, *The Fakers*) providenciaram evidentes substantivos para isso. Falsos fenômenos paranormais podem incluir obter informação antecipadamente (alguns médiuns têm se tornado conhecidos por utilizar os serviços de investigador particular) mágicos, e truque de ilusionistas.[34]

Um dos primeiros alvos de James Randi´s foi o médium Uri Geller testado pelo Instituto de Pesquisa Stanford por seus supostos poderes de dobrar colheres e levitar objetos. Randi demonstrou que "os truques eram muito simples... não havia nada que você não pudesse remover uma caixa de cereais só por falar".[35]

Muitos anos atrás, o mágico Harry Houdini, em seu livro *Magician Among the Spirits*, escreveu esta avaliação:

> Eu disse muitas vezes que estou disposto a acreditar, quero acreditar, irei acreditar; se os espiritualistas puderem mostrar qualquer prova substanciada; até que eles o façam, devo viver para acreditar em todas as evidências mostradas a mim, e através do que experimentei desse espiritualismo, não vi nada que prove satisfatoriamente ao mundo qualquer evidências oferecidas.[36]

Sem nenhuma surpresa, alguns médiuns que aparecem em horários nobres têm sido pegos enganando. Enquanto James Van Praagh conversou com os membros da entrevista anteriormente para trapacear seu show, ele se informou que uma das mulheres de uma determinada área da entrevista veio da Itália. Depois de as câmeras estarem gravando, ele mudou daquela sessão e perguntou que pessoa veio de um outro país. Isso deu a impressão aos telespectadores de que Van Praagh sabia dessa informação de um modo psíquico, mas simplesmente obteve essa informação antes mesmo do show começar.[37]

Em outro caso, Van Praagh estava filmando um segmento para *ABC 20/20*. Durante um intervalo, com a câmera ainda filmando (sem o conhecimento de Van Praagh), ele falou com uma mulher e descobriu que sua avó morreu. Dentro das próximas horas, enquanto gravava para o show, Van Praagh virou-se para a senhora e disse: "Eu quero lhe dizer, que existe uma senhora sentada atrás de você. Ela parece sua avó para mim". Quando confrontada acerca disso por um correspondente da *20/20*, Van Praagh se desculpou: "Eu não minto. Eu não tenho que provar... Eu não minto. Eu não minto".[38]

Durante a entrevista em *20/20*, Van Praagh fez referência ao pai de Barbara Walter tendo um olho de vidro. Walter ficou impressionado com esse fato; nada disso veio ao conhecimento público. Entretanto, o repórter da ABC, trabalhando na história, consultou um vasto livro disponível acerca de Walter e rapidamente encontrou um trecho que de forma explícita falava que seu pai estava cego de um olho e tinha um olho de vidro. Ele deu a entender que se fosse capaz de descobrir essa informação tão facilmente, então Van Praagh também poderia. Hugh Downs declarou a Van Praagh: "Eu não acredito nele".[39]

Os membros da entrevista que participaram do show de TV de Van Praagh tiveram de assinar uma declaração: "Nenhum dos que estiveram participando como representante, nem eu... devo falar a qualquer repórter de jornal, edição ou televisão jornalística, ou outra mídia representativa ou fonte acerca de qualquer aspecto de minha participação nessas séries". Evidentemente, Van Praagh não quer que a mídia saiba o que de fato se passa durante a gravação de seus shows. O que poderia ocorrer durante a gravação que pudesse ser menos comovente do que o final da versão editada que aparece na televisão?[40] Alguém deve saber.

John Edward também foi pego mentindo. Em um novo show popular *Dateline*, ele tentou manipular a informação que tinha obtido mais cedo no dia. Enquanto entrava em contato com supostos espíritos, Edward disse que eles estavam lhe dizendo para "reconhecer Antony". O câmera man mostrou que era o seu nome. Edward, com um olhar surpreso em seu rosto, disse: "É você? Sério?" Edward colocou seu chapéu de ator e deu um verdadeiro show. Mas Anthony esteve com o *câmera man* anteriormente em um show de televisão do mesmo dia com Edward. Os dois homens conversaram, e Edward conseguiu um bocado de informações úteis. Edward foi pego mentindo.[41]

Tâmara Rand é uma outra médium que foi flagrada mentindo. André Kole e Terry Holley, em seu livro *Astrology and Psychic Phenomena*, explica:

> Um dos melhores exemplos de fraude no "mundo paranormal" foi cometido em Los Angeles por uma "médium" chamada Tâmara Rand. Em 2 de abril de 1981, exatamente quatro dias depois da tentativa de assassinato do presidente Ronald Reagan, no programa de televisão *Today* da NBC, a ABC *Good Morning América Show* e o canal de notícias da Network transmitiram uma fita que foi feita por Rand em 6 de janeiro de 1981, no qual ela previu que Reagan levaria um tiro no peito por um homem com as iniciais "J.H." Isso aconteceria durante a última semana de Março ou primeira semana de Abril. Entretanto, investigações descobriram que a fita foi editada terça-feira à noite, no dia 31 de Março, mais do que 24 horas depois da tentativa de assassinato.[42]

Minhas Impressões Pessoais

Algumas vezes converso com críticos cristãos de médiuns paranormais que dizem que todos são um bando de mentirosos. Caso encerrado! Eu converso com outros, entretanto, que não dizem nada acerca das atividades fraudulentas, mas antes concluem que todos os médiuns estão em contato com espíritos demoníacos. Na minha opinião, a combinação de *ambas* atividades fraudulentas e atividades demoníacas melhor explica o que está de fato acontecendo com os médiuns.

Por outro lado, os médiuns paranormais indubitavelmente utilizam uma técnica de pescaria para descobrir informações dos clientes. Não é necessário observar uma sessão paranormal para ver que isso é verdade. Além disso, alguns médiuns paranormais mentem de maneira clara, fingindo descobrir certas informações dos céus quando na realidade descobriram isso antes da sessão. Com base no que tenho descoberto, estimo que mais da metade dos médiuns paranormais estão envolvidos em algum tipo de fraude.

Por outro lado, não devemos concluir que todos os fenômenos paranormais envolvem fraudes. Os médiuns às vezes fazem contatos genuínos com espíritos de entidade — mas os espíritos de entidade não são seres humanos mortos, como alguns médiuns alegam, mas sim espíritos *demoníacos*.[43] Meu colega de curso, Walter Martin, está correto em advertir que "há muitos cristãos que infelizmente sofrem de ilusão de que todo espiritismo, ou evidências espiritista, é fraudulenta, e preferem descansar em uma falsa crença de que o espiritismo nunca pode ser habilitado de forma demoníaca".[44] Martin também afirma: "Nem *todos* os fenômenos paranormais podem ser fraudulentos. Existe uma dimensão espiritual que não pode ser ignorada. Os espiritistas autênticos representam seu poder através do que a Bíblia chama de "bramido de leão" que busca "a quem possa tragar" (1 Pe 5.8), que é Satanás.[45]

Não vamos nos esquecer de que em 2 Coríntios 11.14 o apóstolo Paulo advertiu severamente que "o próprio Satanás se transfigura em anjo de luz". Muitos apologistas concluem através disso que, em diversos casos como os médiuns paranormais, Satanás e seu bando de demônios (anjos caídos) podem imitar pessoas mortas. Eles atuam de forma maléfica e com propósitos sinistros — para conduzir pessoas longe da verdade de Cristo e do Deus da Bíblia. Nesse processo, eles propagam as doutrinas de demônios (1 Tm 4.1-3). Essas doutrinas incluem idéias como estas: a morte não é temida; todas as pessoas vão para o céu, negligência à religião; o morto pode se comunicar com os vivos (ver capítulo 8: "Doutrina dos Demônios").

Essa ligação com Satanás pode explicar também algumas das atividades fraudulentas dos médiuns. Visto que como eles estão profundamente envolvidos no ocultismo e comerciando com Satanás e suas hostes de demônios, teriam personalidade idênticas a esses espíritos caídos. Em João 8.44, se referindo a Satanás, está escrito: "... não há verdade nele; quando ele profere mentira, fala do que lhe é próprio, porque é mentiroso e pai da mentira". Satanás é um enganador, e sua decepção pode ser refletida naqueles que servem a seu reino de escuridão — os paranormais, médiuns e outros ocultistas. Se eles são autorizados pelo Diabo, provavelmente refletirão sua natureza.

Eu concordo com a física e ocultista Márcia Montenegro, que é cuidadosa em enfatizar que não deveria sucumbir para uma outra ou mentalidade quando interpretar o trabalho de médiuns paranormais: "O assunto é geralmente armado em termos de 'either-ou'. *Either* os médiuns são impostores *ou* eles estão recebendo informação dos espíritos; mas isso é ser um ou o outro?"[46] Médiuns famosos, tais como James Van Praagh, Sylvia Browne, John Edward e Char Margolis, podem em alguns casos obter informações antecipadamente. Porém, em outros casos, podem estar genuinamente em contato com espíritos malignos. Este é de fato o momento de discernir.

7

Avaliando a Veracidade dos Médiuns Paranormais

Os médiuns alegam que nenhum deles é 100% exato em todo tempo. Tal declaração, entretanto, carrega consigo a implicação de que eles estão, na maior parte do tempo, certos. Vamos olhar para os fatos considerando a veracidade dos médiuns.

A triste realidade de nossos dias é que muitas pessoas — em especial aquelas que estão sofrendo e procurando desesperadamente uma comunicação com seus entes queridos — parecem mais do que dispostas a ignorar erros significantes da parte dos médiuns. Se o enlutado tiver qualquer chance de alcançar seus entes queridos, então é que parecem permitir qualquer número de falhas.

A Marca Registrada dos Médiuns

A história das predições paranormais é um alvo brilhante. A *Space* proíbe uma listagem de tais falhas; porém, até mesmo o documento abaixo fornece evidências mais do que suficientes para suas sombrias marcas registradas.

11 de Setembro e o Ônibus Espacial *Challenger*

As predições paranormais feitas em 2001 são altamente reveladoras. Todos os médiuns, sem exceção, falharam em prever o que deve ser considerado o mais importante e definitivo evento de 2001: o ataque terrorista às Torres Gêmeas na cidade de Nova York. Se alguns deles tivessem previsto esse evento, poderiam ter ajudado a salvar milhares de vidas.

Como você pode perceber, muitas pessoas confrontaram os médiuns acerca de suas falhas em predizer esse evento. A maioria dos médiuns providenciou um cálculo revisionista do que aconteceu.

Por exemplo, em 2003 — muito depois da tragédia ocorrida em 2001 —, James Van Praagh alegou que estava visitando a Grécia com um amigo quando de repente se virou para ele e disse: "Oh, meu Deus, está acontecendo uma situação horrível". Seu amigo perguntou-lhe o que significava. "Bem, eu vi fumaça, fogo e vidros na Costa Leste." Ele afirma que disse: "Haverá milhares de vidas que estarão sendo perdidas. Eu não sei o que é. Simplesmente não sei o que é". Ele afirmou que se sentiu mal quando essa tragédia aconteceu, mas porque não sabia a exata localização, foi incapaz de fazer qualquer coisa acerca disso.[1]

Note dois importantes fatos aqui:

• Van Praagh não disse publicamente sobre essa tragédia antes de 2001. Ele falou a respeito disso, em retrospectiva, mais tarde. O mesmo não pode ser evitado, mas suspeita-se que seu cálculo retrospectivo é puro revisionismo.

• Van Praagh diz que não sabia exatamente a localização da tragédia. Ele afirma que essa informação não foi dada pelos espíritos. Essa omissão do mundo espiritual serve para isolar Van Praag do criticismo por não advertir as pessoas nas Torres Gêmeas.

O revisionismo é também suspeito em relação ao ônibus espacial que explodiu em 1986. Van Praagh alega: "Eu estava passando minha camisa para ir ao trabalho enquanto assistia televisão, e de repente parei e disse: 'Oh, meu Deus, isso vai explodir'. E então dentro de cinco minutos aquilo explodiu".[2] Note duas observações aqui:

• Van Praagh alega que teve a informação da notícia somente cinco minutos antes da tragédia. Essa proposital regulação de tempo foi criada a fim de que, uma vez que fosse ao público este conhecimento, justificasse que ele nada poderia ter feito para que a tragédia pudesse ser desviada.

• Van Praagh fala dessa suposta premonição de desastre em retrospectiva. Novamente, nada pode ser evitado, mas suspeita-se de que isso é puro revisionismo.

Predições Fracassadas para 2004

Um breve exame em algumas dessas previsões de Sylvia Browne para 2004 é altamente revelador. Em Dezembro de 2003, ela fez estas afirmações no *The Montel Williams Show*:

• Nossas tropas americanas serão retiradas do Iraque em Junho ou Julho de 2004.

• Osama bin Laden estará "bem morto" em 2004.

• Martha Steward não irá para a cadeia.

• A Coréia do Norte lançará armas nucleares.[3]

Em poucos dias, Browne previu que Bill Clinton seria vindicado no escândalo de Mônica Lewinsky. Ela também previu que Bill Bradley venceria as eleições presidenciais dos Estados Unidos em 2000, com a Festa da Reforma vindo em segundo.[4]

Predições Fracassadas para 2005

Os médiuns fizeram muitas previsões para 2005 que não aconteceram. Aqui estão algumas dessas falhas:

• Saddam Hussein será assassinado em 2005 (ele morreu em 30 de Dezembro de 2006, em Bagdá, no Iraque).

• As eleições públicas no Iraque resultarão na retirada dos Estados Unidos do Iraque em 2005.

• Um grande terremoto ocorrerá no sudoeste dos Estados Unidos.

• Os *Giants* vencerão as séries contra os *Cleveland* no jogo sete.

Mais Falhas Recentes

O suposto conhecimento paranormal de Sylvia Browne referente à tragédia dos mineiros no oeste da Virgínia em 2005 foi um engano. Ela foi convidada no rádio show ao vivo, *Coast to Coast*, quando teve a infelicidade de comentar sobre o desenvolvimento da nova história e foi surpreendida. A tragédia deu uma guinada — uma notificação errada foi difundida acerca da morte dos mineiros. Aqui está o que aconteceu:

Noory subornou a tragédia dos mineiros, e Browne pareceu aliviada ao ouvir dele que todos morreram, mas só um dos mineiros estava vivo. Noory depois respondeu a Browne:

— Você esteve no programa mais cedo hoje, você teria sentido — porque eles não ouviram nenhum som — que isso era um verdadeiro momento obscuro, e que eles poderiam estar todos mortos?

Browne respondeu:

— Não, eu soube que eles estavam sendo encontrados.

Entretanto, logo depois disso, Noory recebeu um novo relatório informando que todos, exceto um dos mineiros, teriam morrido. Essa situação desagradável fez com que Browne se resguardasse e voltasse atrás: "Eu não acho que exista alguém vivo, talvez um. Que loucura dizer a eles que todos estavam vivos quando não estavam... Eu simplesmente não acho que estejam vivos". Nesse momento, Browne limpou a garganta e houve uma pausa ensurdecedora. Noory então, chamou um comercial.

Após o intervalo comercial, Noory tentou ajudar Browne a se recuperar, fazendo uma pergunta em cima do problema relatado. Mas Browne — desesperada para salvar sua imagem queimada — de repente interrompeu e falou sem pensar:

— Eu não acredito que eles estavam todos vivos.

Noory disse:

— Quem, os mineiros?

Browne disse:

— Sim, eu não acho — e veja, eu estive no show com você, mas não há nada que possa mudar isso.[5]

Edição em Horário Nobre

Alguém pode querer saber por que os médiuns, em seus próprios shows de televisão, parecem ser corretos. Vamos considerar John Edward como um exemplo. Seu programa de televisão, *Crossing Over*, foi líder de audiência no canal *Sci-Fi*.

Para cada meia hora do episódio de *Crossing Over* exige-se seis horas de gravação. Por quê? Um crítico diz que os editores do programa procuraram cuidadosamente o sucesso através de uma total quantidade de erros que aconteceram durante o show.[6]

Um visitante que assistiu a John Edward em *Crossing Over* afirma que sua interação com o apresentador no show foi editada para fazer com que ele parecesse bem. O visitante afirma que somente uma fração do que se realizou no estúdio verdadeiramente foi para o final em 30 minutos transmitidos. Edward estava errado acerca de muitas coisas, o convidado afirma, e aqueles erros foram todos omitidos da transmissão.[7]

O convidado também alega que os assistentes de produção de Edward estavam sempre por perto enquanto as pessoas esperavam para entrar no estúdio, e que eles facilmente podiam ouvir tudo. Além disso, certa vez no estúdio, os membros do auditório tiveram de esperar por quase duas horas antes de o show começar a rodar. "Do começo ao fim todos estavam falando acerca dos parentes mortos e de seus poderes inesperados. Lembro-me de que tudo isso ocorreu debaixo de microfones e câmeras já iniciadas." O visitante especula que talvez alguns dos assistentes de Edward estavam ouvindo nos bastidores e tomando notas. Quando Edward finalmente apareceu, o visitante disse que observou que Edward estava olhando para os membros do auditório com a clara intenção de reconhecer alguém.[8]

Edward, perceptivelmente, nega tudo isso. Sim, ele diz, o show é editado — mas somente por um tempo, não por matéria. Ele afirma que sua edição é feita a fim de que não produza falsas impressões. Os produtores não manipulam os fatos. "Ficamos muito preocupados para que não editássemos o show a fim de que toda a informação fosse validada e momentos reduzidos desaparecessem..." Ele diz que a edição de *Crossing Over*, de certo modo, torce o que verdadeiramente ocorreu de tal modo que não é algo que ele poderia concordar.[9] Ele também assegura que tais alegações são um verdadeiro insulto à integridade e profissionalismo de seus assistentes no show.[10] Entretanto — visto que o engano vem do pai da mentira (Jo 8.44) — Edward tem sido pego enganando publicamente em todas as atividades paranormais que executa.

O que Leva um Médium a Estar Certo?

O que leva uma predição paranormal a ser correta? Eu sugeriria os seguintes assuntos para adicionar a perspectiva:

- Um ocasional sucesso num mar de erros não é comovente.
- Algumas coisas contribuem para o sucesso dos médiuns — tais como as contínuas predições da hostilidade da Palestina a respeito de Israel ou o terremoto na Califórnia. Coisas assim são normais de acontecer.
- Não se surpreenda com a possibilidade de o médium ter obtido informação interna por qualquer razão. Os médiuns já foram pegos enganando no passado!
- Em alguns casos, um espírito demoníaco poderia transmitir conhecimento paranormal acurado para o médium. Nesse caso, o demônio pode personificar um espírito guia ou talvez uma pessoa morta (2 Co 11.14) e transmitir conhecimento paranormal em vez de dar crédito a falsa religião do espiritismo, dessa forma, conduzindo pessoas para longe da verdade da Bíblia. Eu acredito que isso esclarece qualquer aparente sucesso da parte dos médiuns.

Desculpas e Desculpas!

Quando um médium faz uma predição errada ou fornece uma informação incorreta durante uma leitura paranormal, ele parece sempre ter uma desculpa pronta à mão. Para as pessoas que já estão abertas ao fenômeno paranormal, tais desculpas podem parecer convincentes. Mas para os críticos objetivos que estão interessados apenas em fatos, tais desculpas são menos do que convincentes. Aqui estão algumas das desculpas mais comuns.

Erros e "Força Antropomórfica"

Quando Char Margolis apareceu em *Larry King Live*, cometeu inúmeros erros óbvios. Para se proteger, ela disse que esses erros podem ser por causa da "força antropomórfica"[11]. Evidentemente, isso significa que os espíritos de traquinas existem e se divertem enganando os médiuns.

Informações para Alguém Mais

James Van Praagh e John Edward também já cometeram grandes erros em *Larry King Live*. Quando Van Praagh e Edward cometeram um erro particular, ambos sugeriram que a informação deveria ser destinada a alguém na escuta do auditório — um amigo, um colaborador, ou parente, uma pessoa em um outro prédio vizinho, ou talvez alguém do passado ou no futuro, conhecido ou desconhecido. Com esse tipo de ação, os médiuns aparentemente nunca estariam errados.[12]

Comunicação Simbólica

Os médiuns, às vezes, alegam que uma das razões para suas imprecisões é que os espíritos geralmente se comunicam por símbolos, e tais símbolos são difíceis de se interpretar. Edward admite: "Eu posso interpretar uma informação de forma incorreta... Revelei imagens do Outro Lado que poderiam exprimir inúmeros sentidos, e minha interpretação imediata foi um único significado, quando na verdade era outro".[13] De certa maneira, essa confissão de Edward faz com que ele pareça modesto, tornando-o amável para sua audiência. Vendo por outro aspecto, a desculpa revela uma ambigüidade como recurso — de qualquer forma, qualquer dia — para explicar até o fim qualquer data incorreta que ele forneça. O importante é você observar que Edward tentou mostrar que estava tudo bem a despeito de seus erros.

As Limitações dos Espíritos

Em alguns casos, um cliente pode estar procurando por uma informação dos espíritos a respeito de coisas como saúde, romance ou até sobre a própria profissão (Mesmo a despeito de Van Praagh dizer que os espíritos não podem proporcionar tais informações). Às vezes, o espírito pode não saber a própria informação que está procurando. Por outro lado, o espírito pode saber a informação, mas não ter permissão para revelá-la. Assim como Van Praagh colocou: "Quando uma alma vem para esta terra a fim de aprender algumas lições ou progredir espiritualmente, a última coisa de que precisa é um ser espiritual que dê respostas a uma situação que pode ser um teste". Van Praagh diz que os espíritos estão sujeitos a leis espirituais e não estão permitidos a interferir ou influenciar a progressão espiritual ou cármica de uma pessoa viva na terra. O que isso significa, praticamente falando, é que certas informações devem permanecer encobertas a seres humanos vivos.[14] Isso também é uma desculpa que os médiuns podem alegar — de qualquer forma, a qualquer dia — quando são incapazes de proporcionar uma informação útil aos clientes.

Espíritos Não-Convidados

Edward diz que, em certos casos, os clientes desejam ouvir de uma pessoa em particular, mas diferentes espíritos falam do Outro Lado, e o cliente decide qual contato paranormal é falso. Por exemplo, os clientes podem querer fazer contato com um tio rico para que o esconderijo da família possa ser descoberto, mas em vez disso, eles ouvem de alguém que já foi apaixonado por eles no ensino fundamental. "Quando isso acontece, não importa quanta energia ou trabalho eu faço para abrir suas mentes — nada fará você ver. E depois você vai para casa desapontado, admitindo que o processo simplesmente não funcionou para você."[15]

Os membros do auditório do *Crossing Over*, antes de entrarem no estúdio de televisão, são orientados a respeito de como devem proceder durante a gravação. Aqui está um exemplo das regras do auditório no website da *Crossing Over*:

> Não alimente expectativas. Talvez você realmente queira entrar em contato com um parente específico... mas há uma boa chance deles não aparecerem. Mantenha sua mente aberta e fique à vontade, seja quem for que apareça durante a leitura. Não queremos que você se desaponte ou fique com o coração partido se seu ente querido escolhido não aparecer. Como John diz: "Por favor, não coloque expectativas terrenas em expectativas divinas".[16]

Essa desculpa serve para difundir o desapontamento, antes que isso (inevitavelmente) aconteça.

As Pessoas Mudam

Os médiuns em geral descrevem os entes queridos de forma que pareçam estranhos para a memória dos vivos. Isso faz com que alguns clientes suspeitem que os médiuns não estão de fato em contato com os seus próprios entes queridos.

Os médiuns reagem alegando que as pessoas mudam uma vez que passam para o Outro Lado. Edward sugere que quando alguém morre, deixa o corpo humano com todas as limitações terrenas. A fraqueza física se foi. A carga emocional se desfez.

Nosso aspecto negativo suavizou, e nosso aspecto positivo realçou. "É como a lagarta que entra no casulo, mudando a casca e se tornando numa borboleta. Somos essa lagarta enquanto passamos por esta vida, e um dia nos tornamos essa borboleta quando nosso corpo físico morre, permitindo que nossa alma voe."[17] Por essa razão, os médiuns aconselham seus clientes a não esperar que seus entes queridos sejam exatamente como eles eram enquanto estavam vivos na terra. Isso é uma desculpa conveniente pelo fato de os médiuns geralmente dar detalhes pessoais errados acerca daqueles que estão no Outro Lado.

Informação Perdida

Edward alega que em alguns casos, os clientes não podem saber se a informação é ou não correta simplesmente porque são ignorantes de certas datas relevantes. Por exemplo, um cliente pode ser ignorante ou estranhar a sua própria árvore genealógica. Nesse caso, o médium pode se referir a um parente cujo cliente está inconsciente de quem seja.[18] O cliente pode alegar que o médium está errado, mas ele "sem dúvida não está".

Amnésia Paranormal

Às vezes, os médiuns estão supostamente exatos, mas — por qualquer que seja a razão —os clientes experimentam algum tipo de amnésia paranormal e não se lembram normalmente de nomes ou eventos memoráveis, tais como o nome da esposa ou a data de aniversário do filho.[19] Quando os médiuns retransmitem a informação anteriormente relatada aos clientes, estes já se esqueceram, aqueles então podem alegar se a informação está errada ou inexata. (Essa é uma das mais bizarras desculpas que eu já me deparei.)

E a Respeito das Loterias e da Bolsa de Valores?

Às vezes, os críticos gostam de fazer duas perguntas:

• Por que vocês não usam suas habilidades paranormais para ganhar na loteria?

• Por que vocês não usam suas habilidades paranormais para investir dinheiro na Bolsa de Valores?

Inesperadamente, os médiuns têm uma resposta. Sylvia Browne, por exemplo, diz que os verdadeiros médiuns não são paranormais acerca de si próprios. "Deus generosamente deu-nos um presente, não para acumular ou gastar em números de loterias... mas apenas para melhorar e dar a todos como generosidade."[20] O dom paranormal é supostamente concedido para abençoar os outros. Se o dom é abusado, Browne diz, os médiuns merecem perdê-lo. Portanto, o dom de Browne tem o propósito de abençoar pessoas; mas, é claro, elas precisam pagar a Browne R$ 1.500 por sessão para serem abençoadas!

Milhões de dólares Oferecidos

Adoro competições! Acho que não poderia mencionar um desafio melhor do que oferecer 1 milhão de dólares a qualquer pessoa que possa objetivamente provar suas habilidades físicas. James Randi — por um longo tempo combatente da pseudociência — estabeleceu um desafio em 6 de Março de 2001, no show de *Larry King*. Randi prometeu: "Um milhão de dólares em títulos negociáveis a qualquer pessoa capaz de provar ter poderes psíquicos, ocultos, sobrenaturais ou habilidade de qualquer espécie; apenas teria de fazê-lo sob condições controladas".[21] Durante o show de *Larry King Live*, em 6 de março de 2001, Sylvia Browne topou o desafio paranormal de 1 milhão de dólares. Infelizmente, ela falhou em ser bem-sucedida.

Em 3 de Setembro de 2001, no show de *Larry King Live* , Browne novamente submeteu-se ao teste. Mais uma vez, ela falhou em ser bem-sucedida.

Quando Browne apareceu em *Larry King Live* em 6 de Maio de 2003, um telespectador perguntou a Sylvia por que ela havia concordado com o desafio paranormal de 1 milhão de dólares de Randi, e novamente falhado em sua tentativa. Brown deu uma desculpa de que Randi não colocou o dinheiro em custódia. No show, ela subseqüentemente concordou em fazer o teste se o dinheiro pudesse ser validado.

O dinheiro foi validado. Randi enviou até mesmo uma carta a Browne, documentando a prova do dinheiro. A carta foi recusada e voltou para o destinatário. Alguém pode chegar à conclusão de que Browne nunca pretendeu aceitar o desafio na primeira vez. A razão parece óbvia. Sua reputação estaria arruinada pelo fato de que certamente falharia no teste.

Após contínuos embaraços em relação a recusa do desafio paranormal de 1 milhão de dólares de Randi, Browne colocou uma nota em seu website alegando que respondeu somente a Deus, e que ela é responsável por seu dom, e mais ninguém. Ela disse: "Não tenho nenhum interesse por 1 milhão de dólares ou qualquer intenção de procurá-lo". Depois, sugeriu que esse dinheiro fosse doado a uma instituição de caridade, como a Fundação de Esclerose Múltipla, A Cruz Vermelha Americana, ou o Exército da Salvação.[22]

Randi quis saber o porquê da inconsistência de Browne. Primeiro, Browne insistiu na prova da existência do dinheiro. Depois, declarou que não estava interessada no dinheiro.[23] Ambas declarações parecem ter sido motivadas com o intuito de evitar ser objetivamente testada.

Na época, Randi continuou a oferecer seu prêmio de 1 milhão de dólares a Browne ou a qualquer pessoa capaz de provar ter poderes psíquicos. Até agora, ninguém aceitou.

Predições para o Futuro

Quase todos os médiuns fizeram predições para o futuro, especialmente, a notável Sylvia Browne. Aqui estão algumas coisas que ela previu:

- O câncer será exterminado. (Os médicos estão continuamente trabalhando pela cura do câncer, portanto, discernimentos paranormais não são necessários para perceber que um dia isso acontecerá.)
- Os computadores irão controlar casas robóticas. (O fundador da Microsoft, Bill Gates, já utiliza tecnologia computadorizada para controlar

muitas partes de sua casa. Imaginar que um dia isso acontecerá não requer um discernimento paranormal.)

- Partes separadas do corpo serão clonadas para transplantes de órgãos. (Certamente Browne está ciente de que geneticistas discutiram tal possibilidade por anos. Nenhum discernimento paranormal é encontrado aqui. Entretanto, a ética em relação a tal clonagem ainda está sendo debatida.)

A Costa Oeste será inundada em 2026. (Todos sabemos que o "Big One"* será devastador. Talvez aconteça ou não em 2026. De qualquer forma, nenhum discernimento paranormal é necessário para perceber essa eventualidade.)[24]

Comparados com o Deus verdadeiro da Bíblia, os médiuns simplesmente não podem cumprir uma promessa. Como o profeta Daniel disse: "Nem sábios, nem astrólogos, nem magos, nem adivinhos o podem descobrir ao rei. Mas há um Deus nos céus, o qual revela os segredos". (2.27,28). "Dele é a sabedoria e a força; ele muda os tempos e as horas; ele remove os reis e estabelece os reis; ele dá sabedoria aos sábios e ciência aos inteligentes. Ele revela o profundo e o escondido e conhece os que estão em trevas, e com ele mora a luz" (2.20,22).[25]

*** N. do T.:** A geologia oficial prevê o evento conhecido como "Big One", um terremoto de aproximadamente nível 15.0 na escala Richter, que teria seu epicentro na Falha de San Andreas, Califórnia. O Big One seria 150 mil vezes mais devastador do que o mais devastador terremoto já registrado na história moderna. Não há tecnologia inventada pelo homem capaz de tamanha destruição.

8

Doutrinas de Demônios

O apóstolo João instrui seus leitores: "Amados, não creias em todo espírito, mas provai se os espíritos são de Deus, porque já muitos falsos profetas se têm levantado no mundo" (1 Jo 4.1). Logo nos dias de João, muitos falsos profetas foram possuídos por espíritos demoníacos.

A pergunta surgiu de forma compreensível: Como os cristãos poderiam distinguir os verdadeiros dos falsos profetas? Como poderiam detectar se a fonte das mensagens dos profetas era do Espírito Santo ou de espíritos demoníacos?

A solução seria "provar os espíritos". Em outras palavras, à medida que os profetas entregassem alguma doutrina através de manifestação ou dom espiritual (profecia) — o que pressupõe que estavam sendo usados pelo Espírito Santo — os crentes teriam de testá-los à luz das Escrituras Sagradas. Tudo o que estivesse em desacordo com a Palavra de Deus seria de procedência maligna, visto que o Espírito Santo nunca inspira doutrinas erradas e nada que contradiga a Bíblia Sagrada.

Hoje em dia, testamos os espíritos de forma ainda mais precisa, ou seja, as doutrinas e ensinamentos paranormais provenientes do "Outro Lado" à luz da Palavra de Deus, não só do Antigo Testamento (como no tempo do apóstolo João), mas também com o Novo Testamento. Como os espíritos falam claramente por meio dos médiuns, não raro encontramos doutrinas contrárias às Escrituras Sagradas, pois obviamente, não são de Deus, mas sim de espíritos malignos tentando enganar as pessoas.

Vamos avaliar algumas doutrinas específicas que são contrárias à Palavra de Deus. Veremos que a fonte de tais ensinos paranormais não pode ser o Espírito de Deus, mas espíritos demoníacos que pretendem comunicar as "doutrinas de demônios" (1 Tm 4.1-3). Veremos que Sylvia Browne, John Edward e Char Margolis estão completamente mal orientados em suas afirmações de que seus dons paranormais são dados pelo Espírito Santo ou vêm de Deus.

A Bíblia

O Ponto de Vista Paranormal

Preceitua que a Bíblia não pode ser interpretada literalmente. Uma interpretação malfeita poderá induzir a um erro. A Bíblia deve ser interpretada esotericamente — isto é, espiritualmente — a fim de descobrir verdades espirituais que estão ocultas.[1]

O Ponto de Vista Cristão

Esse método esotérico (espiritualizado) de interpretar a Escritura é ilegítimo por, pelo menos, sete razões:

1. O esoterismo viola a injunção bíblica para, justamente, manipular a Palavra de Deus sem aparentemente distorcer o seu significado. As pessoas que distorcem as Escrituras, o fazem para "sua própria destruição" (2 Pe 3.16). Por isso, em vez de distorcer a Palavra, devemos explicá-la e, de modo claro, expormos toda a verdade de Deus (2 Co 4.2). A recomendação paulina é devemos "[manejar] bem a palavra de Deus" (2 Tm 2.15).

2. No esoterismo, a base de autoridade na interpretação não é a Escritura, mas a mente do intérprete. Por essa razão, os intérpretes esotéricos conseguem significados radicalmente diferentes, contraditórios e específicos de versículos da Bíblia. Tais contradições são inevitáveis quando a autoridade é a mente e não a Escritura.

3. Os intérpretes esotéricos contam com sua própria iluminação interior para determinar o que a Escritura diz, ao passo que os cristãos dependem da iluminação do Espírito Santo. A Escritura revela que a total compreensão da Palavra de Deus é impossível sem uma total devoção ao Espírito de Deus (1 Co 2.9-11); por isso Ele, que inspirou a Palavra (2 Pe 1.21), é também o supremo Intérprete (Jo 16.12-15).

4. O esoterismo sobrepõe significados místicos para dentro dos versículos bíblicos em vez de objetivamente procurar o significado bíblico pretendido do autor. Não devemos acrescentar nada à Escritura, mas, antes, extrair tudo dela. O que a passagem significa é estabelecida pelo autor e não se baseia em alteração feita pelos leitores. "O significado é *determinado* pelo autor; isso é *descoberto* pelos leitores."[2]

5. O esoterismo ignora o contexto dos versículos bíblicos. Cada palavra na Bíblia é parte do versículo, e cada versículo é parte do parágrafo, e cada parágrafo é parte do livro. De modo algum os versículos da Escritura é independente dos versículos em torno dele. O contexto global é crítico para interpretar os versículos bíblicos corretamente.

6. O esoterismo ignora a gramática, a história e a cultura. Se ignorarmos tudo isso, como poderemos possivelmente esperar para determinar o significado pretendido do autor? *A Bíblia de Estudo* Gordon Lewis diz: "Quando afirmamos uma autoridade bíblica para uma idéia, devemos nos preparar para expor através da gramática, da história, da cultura e do contexto que o escritor, de fato, ensinou essa idéia. De outro modo a Bíblia *não é usada, mas violada*".[3]

7. O esoterismo se opõe ao exemplo dado por Jesus quanto a interpretar a Escritura de modo correto. Jesus nunca interpretou as Escrituras do Antigo Testamento esotericamente. Pelo contrário, Ele interpretou os acontecimentos do Antigo Testamento de forma muito literal, inclusive a narrativa da criação de Adão e Eva (Mt 13.35; 25.34; Mc 10.6), a arca de Noé e o Dilúvio (Mt

24.38,39; Lc 17.26,27), Jonas e o grande peixe (Mt 12.39-41), Sodoma e Gomorra (Mt 10.15), e a narrativa de Ló e sua esposa (Lc 17.28,29). A interpretação de Jesus da Escritura foi sempre de acordo com o significado histórico e gramatical.

Os médiuns poderiam dizer que Jesus estava errado em relação acerca disso? Sendo assim, por que depois o chamaram de culto? Se Jesus estava errado, por que os médiuns não seguiram o seu exemplo culto?

Jesus Cristo

O Ponto de Vista Paranormal

Os médiuns, de forma persistente, negam a absoluta deidade de Jesus Cristo assim como sua ressurreição física através da morte. Ele não é único, mas antes culto e divino no sentido de que todas as pessoas são cultas e divinas. Assim como Jesus personificou Cristo, então todas as pessoas podem incorporar o Cristo. Sylvia Browne afirma que não importa se Jesus é o Filho de Deus porque todos os seres humanos são filhos de Deus.[4]

O Ponto de Vista Cristão

O ponto de vista bíblico é que Jesus é uma divindade absoluta. Sua divindade é provada pelos nomes que a Bíblia atribui a Ele, inclusive Deus (Hb 1.8), Senhor (Mt 22.43,44), e Rei dos reis e Senhor dos senhores (Ap 19.16). Ele também possui todos os atributos da deidade, inclusive a onipotência (Mt 28.18), onisciência (Jo 1.48), onipresença (Mt 18.20), e imutabilidade (Hb 13.8). Além disso, Ele fez coisas que somente Deus pode fazer, tal como criar o universo inteiro (Cl 1.16; Jo 1.3). E mais ainda, as pessoas o adoravam como Deus muitas vezes de acordo com a narrativa do Evangelho. Ele aceitou a adoração de Tomé (Jo 20.28), dos anjos (Hb 1.6), de alguns magos (Mt 2.11), de um leproso (Mt 8.2), de um governador (Mt 9.18), de um homem cego (Jo 9.38), de uma mulher desconhecida (Mt 15.25), de Maria Madalena (Mt 28.9), e dos discípulos (Mt 28.17). O fato é que Jesus recebeu prontamente (e perdoou) a adoração em várias ocasiões pelas quais enfatizavam muito acerca de sua verdadeira identidade, por esta razão, a Escritura constantemente testifica que somente Deus pode ser adorado (Êx 34.14).

Jesus também é o único Cristo (isto é, ninguém mais é o Cristo, como os médiuns afirmam). Quando o anjo anunciou o nascimento de Jesus para os pastores, ele identificou Jesus dessa maneira: "Na cidade de Davi, vos nasceu hoje o Salvador, que é Cristo, o Senhor" (Lc 2.11). Jesus não *se tornou* o Cristo quando adulto, mas Ele *já era* o único Cristo *desde o princípio*. A Epístola de 1 João adverte-nos dessa forma: "Quem é o mentiroso, senão aquele que nega que Jesus é o Cristo? É o anticristo esse mesmo que nega o Pai e o Filho" (1 Jo 2.22).

O Antigo Testamento apresenta centenas de profecias acerca do único Messias (por exemplo, Is 7.14; 53.3-5; Mq 5.2; Zc 12.10). O Novo Testamento é o complemento da palavra do Antigo Testamento por meio do *Messias que é o Cristo* (veja Jo 1.41). Em Jesus se cumpriram centenas de profecias, portanto somente Ele é o Cristo.

De forma significante, quando as pessoas reconheceram Jesus como o Cristo no Novo Testamento, Ele nunca disse: "Vocês também tem o Cristo dentro de vocês". Em vez disso Ele advertiu que outros poderiam vir falsamente alegando ser o Cristo (Mt 24.5).

Finalmente, ao contrário dos médiuns, Jesus, de fato, ressurgiu em corpo físico da morte. A evidência para a ressurreição é provada em:

• O Cristo ressurreto disse: "Vede minhas mãos e os meus pés, que sou eu mesmo; tocai-me e vede, pois um espírito não tem carne nem ossos, como vedes que eu tenho" (Lc 24.39). Note três coisas aqui: (1) O Cristo ressurreto mostra neste versículo que Ele não é um espírito, (2) Ele revela que sua ressurreição física é composta de carne e osso, e (3) Os pés e as mãos físicas representam uma prova física da materialidade de sua ressurreição através da morte.

• O Cristo ressurreto comeu em quatro diferentes ocasiões. Ele fez isso a fim de provar que estava em um verdadeiro corpo físico (Lc 24.30; 24.42,43; Jo 21.12,13; At 1.4).

• As pessoas apalparam e tocaram o corpo físico do Cristo ressurreto (Mt 28.9; Lc 24.39; Jo 20.17).

• Mais de quinhentas pessoas, de uma só vez, viram o Cristo ressurreto fisicamente (1 Co 15.6).

• Muitas pessoas viram fisicamente o Cristo ressurreto em muitas ocasiões diferentes durante um bom período de tempo (At 1.3) para que sua ressurreição física não tivesse dúvida, como os médiuns fazem. A história está do lado da ressurreição.

Deus

O Ponto de Vista Paranormal

Alguns médiuns, como Jach Pursel e J.Z. Knight, acreditam no panteísmo — a idéia de que Deus é tudo e tudo é Deus.[5] Em seus pontos de vista, Deus não é um Ser pessoal, mas sim uma força impessoal: "Nós expressamos nossa fé em uma Força Impessoal, em todo o lugar — presente, manifestando como vida, de todas as formas de maneira organizada, chamado por algo, Deus; pelos outros, Espírito; e pelos espiritualistas, Inteligência Infinita".[6]

Outros médiuns, como Sylvia Browne, acreditam em ambos, Deus Pai e Deus Mãe (Azna). Ela diz que Azna "é o complemento do Pai, adorada como sua imagem e complemento por mais de 20 mil anos". O Deus Pai é caracterizado pelo intelecto enquanto Deus Mãe é caracterizado pela emoção.[7]

O Ponto de Vista Cristão

A doutrina panteísta de que "Deus é tudo" é antibíblica e tem vários problemas críticos. Primeiro, ela destrói todas as distinções entre criação (no qual é finito) e o Criador (que é infinito). Como Norman Geisler afirmou, "toda suposta relação 'eu-você' ou 'eu-eu' reduz-se para 'eu'".[8] Na perspectiva bíblica, Deus é eternamente diferente do que Ele criou. Deus, que é infinito e eterno, criou todas as coisas do absoluto nada (Hb 11.3; veja também Gn 1.1; Ne 9.6; Sl 33.8,9; 148.5). Deus é onipresente (Sl 139.7-9), mas Ele não é panteisticamente "um com" o universo. Ele permanece eternamente distinto da criação e da humanidade (veja Nm 23.19; Ec 5.2; Hb 11.3).

Além disso, o ponto de vista paranormal falha ao lidar adequadamente com a existência da realidade do mal no mundo. Se Deus é a essência de toda a forma de vida na criação, então alguém deve concluir que ambos, o bem e o mal, se originam de alguém e da mesma essência (Deus). Ao contrario disso, o Deus da Bíblia "é luz, e não há nele treva nenhuma" (1 Jo 1.5; veja também Hc 1.13; Mt 5.48). Em 1 João 1.5 é particularmente convincente com o Grego, no qual se traduz literalmente: "Deus é luz, e não há nele treva nenhuma". João não poderia ter dito isso de forma mais eficaz.

Isto está relacionado com a advertência de Isaías: "Ai dos que ao mal chamam bem e ao bem, mal" (Is 5.20). Dizer que o bem e o mal são provenientes da mesma essência de Deus, é o mesmo que chamar o mal de bem e o bem de mal.

Ao contrário da visão de que Deus é uma força impessoal, a Bíblia revela que Deus é uma pessoa. Mais especificamente, Deus é um Ser consciente do que pensa, sente, e planeja, e Ele coloca seus propósitos em ação. Uma pessoa se empenha em se relacionar com os outros. Você pode falar com uma pessoa e obter uma resposta. Você pode partilhar sentimentos e idéias com Ele. Você pode argumentar com Ele, e até mesmo odiá-lo. Através dessa definição, Deus pode ser compreendido como uma pessoa.

A Bíblia mostra Deus como um Pai amoroso a quem os crentes clamam: "Aba, Pai" (Mc 14.36; Rm 8.15; Gl 4.6). "Aba" é um termo aramaico de grande intimidade, que significa vagamente "papai". Jesus geralmente falava de Deus como um Pai amoroso. De fato, Deus é o próprio "Pai das misericórdias" de todos os crentes (2 Co 1.3). Walter Martin esclarece bem a natureza de Deus:

> Esta Onipotente Presença representa ações que somente uma personalidade é capaz: Deus ouve (Êx 2.24); Deus observa (Gn 1.4); Deus cria (Gn 1.1); Deus sabe (2 Tm 2.19; Jr 29.11); Deus tem uma vontade (1 Jo 2.17)... Este é o Deus do cristianismo, onipotente, onisciente, onipresente, que manifesta cada atributo da personalidade.[9]

Finalmente, a Bíblia não conhece nenhum segundo deus chamado: "Deus Mãe". A testemunha consistente da Escritura de Gênesis a Apocalipse aponta para um único e verdadeiro Deus. Isto confirma cada página da Bíblia. Deus afirmou através do profeta Isaías: "Assim diz o Senhor, Rei de Israel e seu Redentor, o Senhor dos exércitos: Eu sou o primeiro e sou o último, e fora de mim não há Deus" (Is 44.6). Deus também disse: "Eu sou Deus, e não há outro Deus, não há outro semelhante a mim" (46.9). De maneira igual o Novo Testamento enfatiza a singularidade de Deus. Em 1 Coríntios 8.4, por exemplo, o apóstolo Paulo declarou que "não há outro Deus, senão um só". Em Tiago 2.19 diz: "Tu crês que há um só Deus? Fazes bem; também os demônios o crêem e estremecem". Estas e uma multidão de outras referências (inclusive Jo 5.44; 17.3; Rm 3.29,30; 16.27; Gl 3.20; Ef 4.6; e 1 Tm 2.5) deixam absolutamente claro que existe somente um único Deus.

Humanidade

O Ponto de Vista Paranormal

Os médiuns dizem que os seres humanos são perfeitos em sua natureza e são um com Deus. James Van Praagh diz: "Eu acredito que todos nós somos deus... Somos feitos completamente à imagem de Deus... Somos feitos completamente de Deus... Cada um de nós seria perfeito se pudéssemos encontrar somente nossa divindade".[10]

O Ponto de Vista Cristão

Se a essência do ser humano é Deus, e se Deus é infinito, um ser invariável, então como é possível para o homem (se ele é a manifestação da divindade) passar por esse processo de mudança de iluminação pela qual descobrirá sua divindade, de acordo com o que os médiuns ensinam? O fato de um homem chegar a conclusão de que é deus, na verdade, prova que ele não o é. Se fosse, nunca teria passado do estado de ignorância — inconsciente de sua natureza divina — para o estado de consciência de sua divindade.[11] Deus não se desenvolveu; Ele sempre está como é.

Além disso, se as pessoas fossem dotadas de uma parte da essência divina ou manifestações de Deus, elas demonstrariam qualidades iguais às de Deus. Isto é simplesmente lógico. De qualquer modo, quando alguém compara os atributos da humanidade com os de Deus (conforme detalhado na Escritura), encontramos mais do que extensos testemunhos da verdade da declaração de Paulo em Romanos 3.23 de que os seres humanos "destituídos estão da glória de Deus".

- Deus é onisciente (Mt 11.21), mas o homem é limitado em conhecimento (Jo 38.4).
- Deus é onipotente (Ap 19.6), mas o homem é fraco (Hb 4.15).
- Deus é onipresente (Sl 139.7-12), mas o homem é limitado dentro de um único espaço no tempo (por exemplo, Jo 1.50).
- Deus é santo (1 Jo 1.5), e até mesmo a justiça humana é "como trapo da imundícia" diante de Deus (Is 64.6).
- Deus é eterno (Sl 90.2), mas o homem foi criado em um momento específico (Gn 1.1,21,27).
- Deus é a verdade (Jo 14.6), mas o coração do homem é enganoso "mais do que todas as coisas" (Jr 17.9).
- Deus é caracterizado pela justiça (At 17.31), mas o homem é injusto (1 Jo 3.4; veja também Rm 3.23).
- Deus é amor (Ef 2.4,5), mas o homem é carnal cheio de "contentas e dissensões" (1 Co 3.3).

Se o homem é bom, alguém nunca poderia dizer isso em função dos seus atributos!

E mais ainda, se o ser humano é Deus, por que é tão poderosamente sentida sua inferioridade em sua presença? Quando Isaías se achou na presença de Deus, lamentou: "Ai de mim, que vou perecendo! ... eu sou um homem de lábios impuros... e os meus olhos viram o rei, o Senhor dos Exércitos!" (Is 6.5). Da mesma forma, quando João teve uma visão na ilha de Patmos e viu o Cristo glorificado, disse: "Quando o vi, caí a seus pés como morto" (Ap 1.17). Parece que ver Deus como Ele realmente é tem um efeito indescritível nas pessoas. A altivez da arrogância humana até brinca com a idéia de que o ser humano é divino.

Pecado e Salvação

O Ponto de Vista Paranormal

Os médiuns alegam que o pecado não existe. O pecado é uma ilusão. O homem não está moralmente caído. Não existe ofensa a Deus que precise ser reparada.[12] Conseqüentemente, os médiuns afirmam que os seres humanos não necessitam ser salvos. Um espírito de entidade chamado Seth, que se comunica através de uma médium chamada Jane Roberts, disse: "A alma não é algo que você deve salvar ou redimir".[13] Um espírito chamado Ramtha, que se comunica através do médium paranormal J.Z. Knight, expressou: "O mundo não necessita de salvação — deixe-o livre... abandone a culpa... Não viva de regras, viva por sentimentos".[14] Um espírito chamado *Jesus*, que se comunica através de uma médium paranormal Helen Schucman, afirmou: "É um terrível engano o de que Deus sentenciou seu próprio Filho a favor da salvação... É importante que tais pensamentos sejam banidos para termos certeza de que nada desse tipo permaneça em nossas mentes".[15]

O Ponto de Vista Cristão

Jesus ensinou biblicamente que as pessoas têm um problema de pecado grave cuja solução está além da capacidade humana para resolvê-lo (Mt 12.34; Lc 11.13). Ele ensinou que as pessoas têm uma natureza má e que são capazes de grandes maldades (Mc 7.20-23; Lc 11.42-52). Ele também disse que as pessoas estão completamente perdidas (Lc 19,10), são pecadoras (Lc 15.10), e necessitam de arrependimento diante do santo Deus (Mc 1.15).

Jesus geralmente falava de pecados humanos com metáforas que ilustram como o mal devasta e pode enfraquecer a própria vida. Ele descreveu o pecado humano como uma cegueira (Mt 15.14; 23.16-26), uma doença (Mt 9.12), escravidão (Jo 8.34), e viver na escuridão (Jo 3.19-21; 8.12; 12.35-46). Ele também ensinou que esse estado é uma condição universal e de que todas as pessoas são culpadas diante de Deus (veja Lc 7.37-48).

Além disso, Jesus também ensinou que os atos exteriores não são as únicas coisas que conferem a uma pessoa a culpa do pecado, mas também pensamentos interiores (Mt 5.28).

Por isso, os seres humanos estão no pior estado e necessitam de salvação. Essa salvação é encontrada, não pela iluminação, mas colocando a fé em Jesus Cristo (Jo 3.16; At 16.31), que Ele mesmo é a luz do mundo (Jo 8.12) e o Salvador da humanidade (Tt 2.13,14). E a vida presente é a única oportunidade que temos de colocar a fé nEle (isto é, não existe uma segunda chance através da reencarnação). Os homens vivem e morrem uma vez, e depois, se não aceitarem ao Senhor Jesus, enfrentarão o julgamento (Hb 9.27). Por esta razão, o apóstolo Paulo disse: "Eis aqui agora o dia da salvação" (2 Co 6.2).

Testando os Espíritos

Este processo de teste, embora breve, tem sortido resultados definitivos. Avaliamos, à luz da Bíblia, cinco doutrinas chaves de médiuns, e em cada caso, os ensinamentos estavam completamente em desacordo com a Palavra. Os médiuns falham no teste. Os espíritos que se comunicaram com estas doutrinas através dos médiuns, claramente, não são de Deus, mas sim demônios impostores tentando disseminar suas maléficas doutrinas (1 Tm 4.1-3). Estes demônios impostores são comandados por Satanás, que é "mentiroso e pai da mentira" (Jo 8.44). Ele é o mestre do engano com milhares de anos de experiência. Tragicamente, a mentira que ele e sua legião de demônios incrustaram no movimento moderno estão entre os maiores enganos e levou praticamente 10 milhões de americanos a desviarem-se. O massacre espiritual é incalculável.

9

A Verdade sobre a Vida Após a Morte

Os médiuns ensinam — baseado na comunicação com os espíritos — que a morte não deve ser temida. Isso simplesmente envolve uma transição da vida física dentro do maravilhoso mundo dos espíritos — o Outro Lado.

Após a morte as pessoas supostamente atravessam o túnel em direção a luz de Deus. Sylvia Browne afirma: "Nunca existirá um momento em que você se sentirá menos morto, ou até mesmo inconsciente, nem sua viagem irá atravessar o túnel se sentir assustado ou desabituado".[1] De acordo com os médiuns, a morte não tem muita importância.

Revisão de Vida

No Outro Lado, os médiuns dizem, que não existe julgamento e punição. Portanto, uma revisão de vida tomará imediatamente o lugar após a morte na qual as pessoas vêem como afetaram outras pessoas positiva ou negativamente:

> Quando alguém passa dessa vida, primeiro freqüenta uma revisão de vida, durante a qual revive cada momento único de sua vida, tanto o bem quanto o mal. Depois disso, muitos espíritos sentem um sentimento de tristeza em relação a suas ações ou coisas que disseram durante sua vida inteira. Então, querem que seus entes queridos saibam que eles lamentam pelo que fizeram, que os amam, e de que estarão por perto para confortá-los. [2]

Os médiuns dizem que os mortos geralmente transmitem tais coisas quando seus entes queridos vivos entram na leitura paranormal. Cuidar de negócios inacabados desse tipo custa entre 300 a 1.500 Reais por sessão.

Um Mundo Multidimensional

James Van Praagh acredita que o céu é um mundo multidimensional permeado por puro amor, onde os espíritos residem logo que eles partem de seu corpo físico e antes que ocupem novos corpos através da reencarnação.[3] Ele afirma: "Vivemos em um mundo tridimensional. O mundo espiritual está na quarta, quinta, sexta, e sétima dimensão. Portanto, é claro, estamos limitados em nossas leis tridimensionais aqui, com nossa visão e nosso sentimento".[4]

Sylvia Browne é única em seu ponto de vista a afirmar que o céu existe a 91 centímetros acima do nível da terra, mas ele está muito mais acima da rotação vibracional, por isso os humanos na Terra normalmente não percebem isso. Ela afirma que sua habilidade para perceber uma extensa freqüência vibracional a capacita a ver como o céu é parecido.[5] Ela diz que o Outro Lado é uma perfeita imagem no espelho da topografia natural da terra, mas sem erosão, poluição, ou destruição.[6]

Browne faz dessa afirmação nossa manifestação pessoal:

> Todos os espíritos do Outro Lado têm trinta anos de idade, não importa quantos anos eles tinham quando morreram. Eles podem assumir sua aparência terrena quando nos visitam, para ter certeza de que o reconhecemos; não obstante, eles lidam

com os problemas do Outro Lado, podem também escolher suas próprias características, de altura, peso e cor do cabelo, e mudar qualquer ou todas aquelas características que quiserem.[7]

Níveis de Céus

Os médiuns afirmam que tem diferentes níveis, e as pessoas vão para esses diferentes níveis dependendo de como eram e viveram suas vidas aqui na terra. Aqueles que se sobressaem na vida e atingem um alto nível de consciência espiritual, residem no mais alto nível do céu, enquanto almas menos evoluídas residem em um nível mais baixo. As pessoas literalmente merecem seu destino.

Van Praagh afirma que algumas das mais avançadas almas que existem no mais alto nível do céu vão a níveis mais baixos a fim de ajudar essas almas que tem falta de consciência espiritual.[8] Isto parece com o conceito hindu da *bodhisattva*, no qual um ser espiritual mais avançado volta para ajudar os menores — pessoas envolvidas.

Van Praagh também afirma que experimentaremos na vida após a morte o que fizemos aos outros durante a vida inteira. Em outras palavras, as pessoas experimentam um sentimento de céu ou inferno de acordo com a forma com que trataram outras pessoas na terra.[9] Se uma pessoa viveu uma vida decente e demonstrou amor, bondade, e compaixão, esta pessoa experimentará coisas similares após a morte, que é o céu. Aqueles que não amam e foram desconsiderados por outras pessoas experimentarão coisas similares na vida após a morte, que pode ser como o inferno.[10] O inferno, como dissemos, é para aqueles que necessitam reavaliar suas vidas.[11]

Char Margolis afirma que as pessoas que não amaram outras, mas em vez disso, as prejudicaram, acabarão juntas no Outro Lado, fazendo o mesmo tipo de coisa e mutuamente criando, dessa forma, seu próprio inferno. Por outro lado, as que expressaram amor e fizeram o bem para outras pessoas acabarão do mesmo jeito, na qual serão verdadeiramente santas. Margolis também afirma, entretanto, que onde quer que as pessoas acabem depois desta vida, elas podem continuar e progressivamente progredir e desenvolver para uma vida melhor através da reencarnação. Isto significa que "iremos continuamente ter oportunidades para mudar, tentar novamente; fazer melhor na próxima vez".[12]

Todos Bem-Vindos

Os médiuns afirmam que animais de estimação vão para o Outro Lado quando morrem, e ainda nos visitam na terra a hora que desejam. Seu animal de estimação irá supostamente "sentar na mesma cadeira, dormir no mesmo local, e olhar para você bem de perto. Ele lembra da bondade e amor que recebeu de você na terra, e geralmente retornará para protege-lo".[13] Nossos animais "zelam por nós com a mesma fidelidade que eles deram durante sua vida de existência".[14]

Os médiuns nos asseguram que no céu existem lindos templos, igrejas, e sinagogas que dividem o interior, com altares de cada religião, coexistindo em paz e respeito.

> Metodistas e budistas, alegremente, oram lado a lado, católicos e mulçumanos estão todos cantando hinos de adoração com o Shinto monks, e os Baha'i. Eles glorificam a Deus de mãos dadas, nutrindo nossa sobrevivência do fundo dos nossos corações.[15]

A Escola da Vida

Os médiuns paranormais acreditam que a vida eterna é uma escola. Como Van Praagh colocou: "Acho que estivemos aqui muitos, muitos, muitos anos. Acredito que voltamos e aprendemos lições. Penso que esta é nossa sala de aula".[16]

A educação paranormal utiliza na terra a lei do carma. Em uma forma mais simples, essa lei afirma que as pessoas que fazem coisas boas em sua vida constroem um bom carma e nascerão em uma condição melhor na próxima vida. As pessoas que fazem coisas ruins nesta vida, construirão um carma ruim e nascerão em um estado pior na próxima vida. Van Praagh explica que "todas as nossas ações são retribuídas em qualidade, positiva ou negativa, nesta vida ou em outra existência. A lei da causa e efeito é uma lei natural e imutável do universo".[17] Ele sugere que o que pode aparentar ser um acidente ou até mesmo um desastre natural na terra, na realidade, não é um acontecimento normal. Todas as coisas são baseadas nas obrigações cármicas. Tudo acontece para o nosso próprio bem. Tudo acontece por um propósito. "Sua doença, ou perda, ou situação desagradável faz parte do crescimento de nossa alma".[18]

Os médiuns dizem que cada vez que encarnamos dentro de um novo corpo, decidimos quando, onde, e porque escolhemos encarnar e vir a terra a fim de aprender verdadeiras lições específicas — para crescer espiritualmente.[19] Antes de encarnar, Van Praagh afirma, examinamos nosso crescimento da alma com um grupo altamente envolvido e conhecido como o Conselho de Ética. Através do parecer dessas pessoas altamente envolvidas, escolhemos lições específicas que queremos aprender e as dívidas cármicas pela qual queremos balancear durante a outra vida. Uma vez que encarnamos, nosso guia maior — um espírito guia — nos assegura de estarmos na pista certa. "O trabalho do Espírito Guia é estimular, persuadir, encorajar, advertir, auxiliar, e como seu próprio título sugere, guiar-nos no caminho de nossas vidas".[20]

Sylvia Browne não faz referência ao Conselho de Ética como Van Praagh, mas menciona um grupo de Orientação que auxilia almas individuais à medida que elas fazem preparações para se reencarnarem. "Reunimo-nos em nossa sala de Orientação com nosso Espírito Guia, Líder de Orientação, e o resto do grupo de Orientação que escolhemos, e com o auxilio dele e de todas as ferramentas ao nosso redor, baseamos nossos objetivos para vindouras reencarnações, compomos um mapa, com detalhes incríveis, para a vida que executará estes objetivos".[21]

Browne afirma que mantém firme controle em vários aspectos de nossa encarnação. Por exemplo, ela diz, que escolhemos nossos parentes, irmãos e irmãs, aparência física, o exato lugar, tempo e data de nascimento, amigos, cônjuges, filhos, chefes e colaboradores, animais de estimação, vizinhança onde vivemos, as casas onde moramos, habilidades e talentos... e até mesmo nossas imperfeições.[22] Escolhemos também a miséria pessoal que encontraremos, assim como a hora da nossa morte. Tudo é supostamente planejado no mapa com detalhes precisos. O espírito guia, memoriza nosso mapa e sempre procura manter-nos no caminho certo.

Logo antes de sair do Outro Lado para reencarnar na terra, Browne afirma, temos um encontro pessoal com o Messias de nossa escolha, quer seja Jesus, Buda, Maomé, ou algum outro líder religioso. Eles oferecem um conselho espiritual definitivo antes de nossa partida.[23]

Uma vez reencarnados, vivemos nossa vida baseada no que está contido em nosso mapa, aprendendo importantes lições ao longo do caminho. Uma vez que o processo está completo e morremos, atravessamos o Outro Lado novamente, onde eventualmente faremos preparações para uma outra reencarnação a fim de aprender, até mesmo, lições adicionais. Mais e mais o processo continua à medida que nos envolvemos em níveis mais altos de conhecimento espiritual.

O Ponto de Vista Cristão

Os médiuns elaboraram uma "boa" teologia de vida após a morte. Sinceramente, consigo ver a possibilidade de uma pessoa que não está baseada no cristianismo ou na Bíblia se deixar levar por esta teologia e aceitá-la. Acho que esta teologia é uma das mais inteligentes invenções de Satanás. Pois "responde" algumas questões básicas: Por quê estou aqui? Qual é o meu propósito? O que acontece comigo depois de morto? Qual é o meu objetivo final?

Pelo fato dessa teologia especificamente não levar a sério a morte e dizer que todas as pessoas passam para o Outro Lado, independente de sua religião, estão sendo atraídas para esta teologia como um inseto em uma lanterna. Mas como um inseto dentro de uma lanterna, o resultado final é de destruição. Certamente este é o objetivo final de Satanás (Jo 8.44). Ele procura enganar as pessoas a fim de irem para a eternidade sem Jesus Cristo. Os cristãos devem, portanto, estar preparados para responder a estas falsas teologias com a verdade da Bíblia.

A Morte É Real e Final

A morte é real, e final. A palavra morte no Novo Testamento dá idéia de separação. No momento da morte física, o espírito dos crentes se separa ou retira-se de seus corpos e vai estar com o Senhor no céu (2 Co 5.8; Fp 1.21).

Quando Estevão estava sendo apedrejado, orou: "Senhor Jesus, recebe o meu espírito" (At 7.59). No momento da morte, como diz claramente a Bíblia, "o espírito volte a Deus, que o deu" (Ec 12.7).

Para o não-crente, entretanto, a morte resulta em perspectivas terríveis. Na morte o espírito do não-crente retira-se do corpo e não vai para o céu, mas para um grande sofrimento onde é involuntariamente aprisionado (Lc 16.19-31; 2 Pe 2.9).

A cruel realidade é que a morte é final. Uma vez que as pessoas passam da porta da morte, elas não têm uma segunda chance. O injusto homem rico em Lucas 16.23,24, adoraria ter uma segunda chance, mas no momento seguinte à sua morte seu destino foi eternamente selado. Hebreus 9.27 revela que vivemos e morremos uma só vez, e depois enfrentaremos o julgamento. Por esta razão o apóstolo Paulo ensina que o agora é o dia da salvação (2 Co 6.2).

O Julgamento após a Morte

Um dia, todos os crentes comparecerão diante do tribunal de Cristo (Rm 14.8-10).

Ao contrário dos confortantes ensinamentos dos médiuns de que todas as pessoas enfrentarão uma revisão de vida após a morte, a Escritura revela que todas as pessoas — tanto crentes e não-crentes — enfrentarão um julgamento de Deus. Mais especificamente, os crentes irão "comparecer ante o tribunal de Cristo" (Rm 14.8-10). Nesse momento, Deus examinará as obras que cada cristão realizou enquanto estava aqui na terra. Também serão avaliados os motivos pessoais e as intenções do coração.

A idéia de "tribunal" vem dos jogos atléticos da época de Paulo. O dignitário ou, talvez, o próprio imperador, quando os jogos e competições eram iniciados, sentava-se em um trono que ficava em um local mais elevado na arena. Depois, um a um, dos atletas vencedores se aproximavam do trono para receber o prêmio — geralmente uma guirlanda de folhas ou uma coroa de vencedor. Cada cristão ficará diante de Cristo, o Juiz, e receberá (ou perderá) o prêmio.

Este julgamento não tem nada a ver se o crente permanecerá ou não salvo. Aqueles que puseram sua fé em Cristo estão salvos, e nada pode ameaçar isso. Os crentes podem ficar para sempre seguros de sua salvação (Ef 4.30). Esse julgamento diz respeito a ganhar ou perder prêmios — também chamado de galardão.

O julgamento dos crentes focalizará sua mordomia nos dons, talentos, oportunidades, e responsabilidades que ele recebeu em sua vida. O verdadeiro caráter de cada vida cristã e serviço, será totalmente descoberto debaixo da infalível e onisciente visão de Cristo, cujos olhos são "como chamas de fogo" (Ap 1.14).

O Senhor julgará cada uma de nossas ações. O salmista disse ao Senhor: "Pois retribuirás a cada um segundo a sua obra" (Sl 62.12; veja também Mt 16.27). Em Efésios 6.7,8 lemos que "cada um receberá do Senhor todo o bem que fizer, seja servo, seja livre".

Deus esquadrinhará nossos pensamentos. Em Jeremias 17.10, Deus diz: "Eu, o Senhor, esquadrinho o coração, eu provo os pensamentos; e isso para dar a cada um segundo os seus caminhos e segundo o fruto das suas ações". O Senhor "trará à luz as coisas ocultas das trevas e manifestará os desígnios do coração" (1 Co 4.5).

Finalmente, o escopo do julgamento do crente incluirá as palavras ditas. Uma vez Cristo disse que "de toda palavra ociosa que os homens disserem hão de dar conta no Dia do Juízo" (Mt 12.35-37). Se Deus grava todas nossas palavras com cuidado, quanto mais nossas afirmações feitas com orgulho proposital, com crítica mordaz, e as piadas inconvenientes e os comentários indelicados.

Os não-crentes também enfrentarão o julgamento de Deus. O terrível julgamento dos ímpios é chamado de julgamento do grande trono branco (Ap 20.11-15).

Cristo é o Juiz divino, e aqueles que não o aceitaram serão julgados. Os que enfrentarem Cristo nesse julgamento serão julgados a partir de suas ações (Ap 20.12,13). É difícil entendermos a razão desse julgamento, pois eles já se encontram perdidos. Esse julgamento não separará os santos dos ímpios, pois todos que enfrentarem esse julgamento já escolheram rejeitar, durante sua vida aqui na terra, a salvação em Jesus Cristo. Uma vez diante do Juiz divino, eles serão julgados de acordo com suas obras, não apenas para justificar sua condenação, como também para determinar o grau de punição que cada pessoa sofrerá ao longo da eternidade.

O Inferno É muito Real

O inferno não fazia parte da criação original de Deus, pois tudo que Ele criou foi qualificado como "bom" (Gn 1.31). O inferno foi criado depois para acomodar o banimento de Satanás e seus anjos caídos, que se rebelaram contra o Senhor (Mt 25.41). As pessoas que morrem rejeitando a Cristo se ajuntarão a Satanás e aos seus anjos caídos neste lugar infernal de sofrimento.

As Escrituras usam diversas palavras para descrever os horrores do inferno, inclusive o fogo eterno (Mt 25.41), a fornalha de fogo (Mt 13.42), destruição (2 Ts 1.8,9), e tormento eterno (Mt 25.46). A maior dor para aqueles que estão sofrendo no inferno é a sua permanente exclusão da presença de Deus. Se "há abundância de alegria na presença de Deus" (Sl 16.11), por conseguinte, um total desânimo é o resultado da ausência de sua presença. Qualquer sugestão pelos médiuns de que o inferno é simplesmente um estágio onde algumas pessoas visitam brevemente durante seu crescimento no progresso na vida após a morte é uma enorme mentira.

É evidente que Deus não quer enviar ninguém para o inferno. Para isso, Ele enviou Jesus — para pagar a penalidade por nossos pecados morrendo em uma cruz (Jo 3.16,17). Infelizmente, nem todas as pessoas estão dispostas a admitir que têm pecados e desejam pedir perdão. Elas não aceitam o fato de que Jesus morreu por suas vidas. Por essa razão Deus permite que experimentem o resultado de suas escolhas (Lc 16.19-31). O escritor C.S. Lewis disse uma vez que no final, existem dois tipos de grupo de pessoas. Um grupo diz a Deus: "Seja feita a tua vontade". Estes são aqueles que puseram sua fé em Jesus e viverão para sempre com Deus no céu. O segundo grupo de pessoas é aquele de quem Deus diz, tristemente: "Seja feita a vontade de vocês!" Estes são os que rejeitaram a Jesus e passarão a eternidade longe dEle.

Graus de Punição no Inferno

Os médiuns falam a respeito de diferentes níveis de céu e até mesmo de inferno, afirmando que as pessoas acabarão em um nível particular dependendo de como trataram os outros durante suas vidas. *O céu e o inferno não possuem tais níveis.* Entretanto, como já vimos, os crentes receberão diversos graus de recompensa no céu, assim como os ímpios receberão vários graus de punição no inferno.

Aqueles que são eternamente enviados para o inferno experimentarão um grau de punição que é proporcional a luz que eles receberam. Lucas 12.47,48, fala sobre os graus de punição: "E o servo que soube a vontade do seu senhor e não se aprontou, nem fez conforme a sua vontade, será castigado com muitos açoites. Mas o que a não soube e fez coisas dignas de açoites com poucos açoites será castigado. E a qualquer que muito for dado, muito se lhe pedirá, e ao que muito se lhe confiou, muito mais se lhe pedirá". Outros versículos relevantes incluem Mateus 10.15; 16.27; Apocalipse 20.12,13; 22.12.

O Céu É Somente Para os Crentes

O Céu é uma esplendorosa cidade eternal de justiça — isto é, aqueles que confiaram em Cristo para a salvação tornaram-se justos pelo seu sacrifício de reconciliação. Todos aqueles que crêem em Cristo são herdeiros do reino eternal (Gl 3.29; 4.28-31; Tt 3.7; Tg 2.5). A justiça de Deus que conduz a vida no céu é acessível "pela fé em Jesus *Cristo para todos e sobre todos os que crêem*" (Rm 3.22, grifo do autor). Jesus prometeu : "Se alguém me serve, siga-me; e, onde eu estiver, ali estará também o meu servo" (Jo 12.26). Certamente, o céu é para os crentes em Jesus Cristo, e não para todas as pessoas indiscriminadamente.

Pessoas de Outras Religiões não Estão Salvas

Ao contrário da habitual afirmação dos médiuns em acharem que todas as religiões (ou nenhuma religião em todo caso) são bem-vindas ao céu, a Escritura deixa claro que a crença no falso deus e no falso evangelho concede somente uma falsa salvação, ou seja, não há salvação. Após sua ressurreição, Cristo ordena aos seus discípulos que preguem "o evangelho a toda criatura". Em Lucas 24.47, Jesus ordenou que "se pregasse o arrependimento e a remissão dos pecados, em todas as nações". Da mesma forma, em Mateus 28.19, Ele diz: "Portanto, ide, ensinai todas as nações, batizando-as em nome do Pai, e do Filho, e do Espírito Santo". Esses versículos podem ser excluídos das Escrituras caso as pessoas sem Cristo não estiverem perdidas. Se as pessoas de diferentes religiões não estão realmente perdidas, então as palavras do Senhor foram sem sentido quando Ele disse a seus discípulos: "Assim como o Pai me enviou, também eu vos envio a vós" (Jo 20.21). Por que o Pai o enviou? O próprio Jesus explicou que "o Filho do homem veio buscar e salvar o que se havia perdido" (Lc 19.10).

Se as pessoas de diferentes religiões não precisam de Cristo e sua salvação, então nós também não precisamos. Mas, se pelo contrário, precisamos dEle, então, pessoas de diferentes religiões também precisam. Se as pessoas de diferentes religiões não estão perdidas, as Escrituras tornam-se um pacote de contradições, o Salvador é um falso mestre, e a mensagem cristã converte-se em "muito barulho por nada". O audacioso Pedro disse: "E em nenhum outro há salvação, porque também debaixo do céu nenhum outro nome há, dado entre os homens, pelo qual devamos ser salvos" (At 4.12). O apóstolo Paulo afirmou: "Há um só Deus e um só mediador entre Deus e os homens, Jesus Cristo, homem" (1 Tm 2.5). O próprio Jesus declarou: "Eu sou o caminho, e a verdade, e a vida. Ninguém vem ao Pai senão por mim" (Jo 14.6).

Outras religiões *não* conduzem a Deus. O principal pecado no qual Deus julgou o povo de Israel mais severamente do que qualquer outro, foi de participar de religiões pagãs. Muitas vezes a Bíblia sugere e declara que Deus odeia, despreza, e rejeita totalmente qualquer coisa associada a práticas de religiões pagãs (por exemplo, veja Dn 1.20; 2.2,10,27; 4.7; 5.7,11,15). Aqueles que seguem tais idolatrias não estão seguindo o caminho de Deus — eles deram as costas para Ele, seguindo o caminho da escuridão.

Aprendendo Lições na Vida?

Os médiuns ensinam que a razão pela qual os seres humanos reencarnam várias vezes é manter o aprendizado de novas lições em cada vida. Até agora, vimos que a reencarnação é uma falsa doutrina. Por enquanto, o ponto onde quero chegar é que os médiuns, sem exceção, perderam a lição principal que Deus deseja que todas as pessoas aprendam: "Todos pecaram e destituídos estão da glória de Deus" (Rm 3.23), não podemos salvar a nós mesmos (Ef 2.8,9), e é por essa razão que precisamos da salvação — a salvação somente é encontrada pela fé em Cristo (Jo 3.16; At 16.31). Todos que morrem antes de aprender esta lição e sem aceitarem a Cristo como seu Salvador erram eternamente.

As Escrituras nos diz que Satanás "cegou os entendimentos dos incrédulos" (2 Co 4.4). Ele faz tudo que pode para cegar as pessoas para essa lição principal, enchendo suas mentes do ensino enganoso dos médiuns que mentem acerca da vida após a morte. Que enorme decepção!

Humanos, não Divinos

Você já notou como os seres humanos geralmente se saem bem com uma aparência divina na teologia paranormal? Afinal, na vida após a morte, as pessoas conseguem todas suas características físicas. E quando chega a hora de reencarnar em outro corpo, as pessoas escolhem seus pais, suas características físicas, seus vizinhos, e tudo mais. Em outras palavras, as pessoas são basicamente deuses que criam suas próprias realidades.

Tamanha é a arrogância e loucura humana. A realidade é que o homem é uma criatura finita. (Sl 100.3), e por que ele é uma criatura, não se compara à única verdade, ao incomparável Deus. Ninguém na terra se compara a grandeza e majestade de Deus. O próprio Deus declarou a Moisés que Ele faria poderosos milagres no Egito: "... para que saibas que não há outro como eu em toda a terra" (Êx 9.14). Ao contrário da orgulhosa interpretação de que o homem é divino, criando sua própria realidade, o reconhecimento da própria criatura deveria conduzir a humildade e adoração de um único e verdadeiro Deus. "Ó, vinde, adoremos e prostremo-nos! Ajoelhemos diante do Senhor que nos criou. Porque ele é o nosso Deus, e nós, povo do seu pasto e ovelhas da sua mão" (Sl 95.6,7). As Escrituras afirmam que: "Deus resiste aos soberbos, dá, porém, graça aos humildes" (Tg 4.6). Fazemos bem em seguir o conselho de Pedro "humilhai-vos, pois, debaixo da potente mão de Deus" (1 Pe 5.6).

A Reencarnação É uma Falsa Doutrina

A reencarnação é problemática em diferentes níveis.

A *Reencarnação* não é justa. Alguém pode perguntar, por que as pessoas são punidas por meio do carma ou por coisas que elas não podem se lembrar que fizeram em sua vida anterior? E como as pessoas se tornam melhores por serem punidas por pecados que elas não se lembram? Para ser mais específico, se uma criancinha desenvolver câncer e morrer, o que uma possível cura pode trazer para suas almas? Eles não têm lembrança de pecados cometidos na vida anterior, e mesmo se eles tivessem tal memória, não teriam discernimento mental para ter percepção de sofrimento antes deles morrerem. Onde está a justiça divina nisso?

A reencarnação não funciona. Se o propósito do carma é fazer com que a natureza humana melhore, por que não temos visto uma visível melhora na natureza humana após milênios de reencarnações? Além disso, se a reencarnação é tão benéfica a nível prático, como os médiuns afirmam e explicam a imensa e constante piora social e econômica — incluindo a pobreza natural, fome, doenças, e horríveis sofrimentos — na Índia, onde a reencarnação tem sido sistematicamente ensinada através da história?

E ainda mais, as filosofias da reencarnação e do carma tendem a fazer com que as pessoas fiquem passivas em relação a maldade social e injustiça. De fato, a doutrina da reencarnação não serve como uma forte motivação de sermos um bom vizinho e ajudarmos as pessoas. Afinal, as pessoas na dor devem estar sofrendo porque ainda não pagaram o débito cármico determinado pelos seus pecados cometidos na vida anterior. Se ajudarmos a minimizar o sofrimento dessas pessoas, iremos somente garantir que nascerão em um estado pior na próxima vida para liquidar o débito cármico que tiveram supostamente que pagar na presente vida. Além disso, teríamos que também acumular mais débitos cármicos ruins por interferir na lei do carma. A reencarnação gera um cenário de desapontamentos.

A reencarnação é fatalista. A lei do carma garante que o que quer que plantemos na presente vida, iremos invariavelmente colher na próxima. Se plantarmos boas sementes na vida presente, iremos ter uma boa colheita (uma boa situação) na próxima vida. Se plantarmos sementes ruins na presente vida, iremos ter uma colheita ruim (uma situação pior) na próxima vida. Nada do que fizermos alterará essa cadeia de eventos. Isso funciona infalível e inexoravelmente. Também significa que qualquer que seja o sofrimento que enfrentarmos na vida presente, colheremos pelo que fizemos em nossa vida passada. Deste modo uma filosofia fatalística pode conduzir ao sofrimento.

A reencarnação é contrária a Bíblia. A Escritura revela que cada pessoa vive somente uma vez como um mortal na terra, morre uma vez, e depois enfrenta o julgamento (Hb 9.27). Não teremos uma segunda chance através da reencarnação. As Escrituras indicam que na morte, os crentes no Senhor Jesus vão para o céu (2 Co 5.8) Enquanto os não-crentes vão para o lugar de punição (Lc 16.19-31). Além disso, Jesus ensinou que as pessoas decidem seu destino eterno só em vida (Mt 25.46). Esta é precisamente a razão de o apóstolo Paulo ter enfatizado : "Eis aqui agora o dia da salvação" (2 Co 6.2).

Além disso, aqueles que acreditam na reencarnação subestimam grosseiramente a seriedade do problema do pecado (Mt 9.12; 12.34; 15.14; 23.16-26; Mc 1.15; 7.20-23; Lc 11.13,42-52; 15.10; 19.10; Jo 3.19-21; 8.34; 12.35-46). De fato, a crença de que o homem pode resolver seu próprio problema de pecado com a pequena ajuda do carma (durante muitas vidas) é a própria manifestação de ignorância do pecado humano. Nosso problema é tão grave que precisamos da ajuda externa — a ajuda do divino Salvador. Não precisamos de um mero ajuste cármico; precisamos de uma máquina nova em folha (nova vida através de Jesus — Jo 3.1-5).

A doutrina da reencarnação simplesmente não é verdadeira, e pelo fato de a reencarnação ser a espinha dorsal da teologia paranormal, é completamente indefensável e enganosa. Quão trágico que várias pessoas ao redor do mundo — até mesmos aqueles que se dizem cristãos — absorveram a mentira da reencarnação.

A morte não tem muita importância de acordo com os médiuns e acontece regularmente durante uma jornada espiritual através de inúmeras vidas (por meio da reencarnação), mas o cristianismo ensina que os homens vivem uma só vez, morrem uma só vez, e depois enfrentam o julgamento. Os médiuns ensinam que os homens enfrentam a revisão de vida seguida da morte, mas o cristianismo ensina que todos os homens enfrentarão um julgamento do próprio Deus — ou qualquer que tiver falhado em confiar nEle durante a vida terrena — devem enfrentar ao Senhor no julgamento do grande trono branco. Os médiuns ensinam que o inferno é simplesmente um lugar temporário de aprendizagem para aqueles que não fizeram o bem na vida terrena, mas o cristianismo ensina que é a permanência eternal daqueles que rejeitaram a Cristo. Os médiuns ensinam que todas as religiões levam ao céu, mas o cristianismo ensina que somente aqueles que confiam em Cristo têm a salvação e vão para o céu. Em resumo, os médiuns — baseados em sua comunicação com os espíritos (como já vimos, não podem ser pessoas mortas, e portanto, são demônios) — promovem uma teoria de vida após a morte estrategicamente designada a desviar milhões de pessoas. Enfim, a teologia paranormal é uma teologia de condenação e de eterna perdição.

10

APRIMORANDO O DISCERNIMENTO SOBRE OS MÉDIUNS PARANORMAIS

Já estudamos a metodologia utilizada pelos médiuns para fazer uma leitura, concluindo que em muitos casos eles "pescam" a informação que lhes interessam. Outras vezes, enganam deduzindo informações, e em muitos casos — essa é a verdade — estão em real contato com espíritos demoníacos. Também observamos a sombria exatidão dos médiuns e investigamos algumas de suas comuns desculpas pelas falhas. Então "provamos os espíritos", mostrando que a fonte da verdade das doutrinas paranormais não vem de Deus, mas sim de espíritos demoníacos que tentam enganar a humanidade. Finalmente, comparamos a visão dos médiuns, sobre a vida após a morte, com a visão do cristianismo.

Neste último capítulo, acrescentaremos alguns toques finais para nosso discernimento bíblico a respeito dos médiuns paranormais. Não nos esqueçamos da exortação de Salomão em Provérbios 3.21: "Filho meu, não se apartem estas coisas dos teus olhos; guarda a verdadeira sabedoria e o bom siso". Não percamos isso de vista, pois nossas mentes serão guardadas de todo o tipo de decepção — inclusive as decepções que estão sendo disseminadas, em grande nível, pelos modernos médiuns paranormais.

Ocultismo Condenado

Alguns médiuns paranormais alegam que têm o dom de Deus, mas a Bíblia condena toda a prática de ocultismo, adivinhação e feitiçaria. Em Levítico 19.26, Deus ordena: "Não comereis coisa alguma com sangue; não agourareis, nem adivinhareis". No versículo 31, ainda encontramos: "Não vos virareis para os adivinhadores e encantadores; não os busqueis, contaminando-vos com eles. Eu sou o Senhor, vosso Deus". O Antigo Testamento deixa claro que uma pessoa que concorda com espíritos familiares é amaldiçoada por Deus (Lv 19.31; 20.6). Êxodo 22.18, declara que a "feiticeira não deixarás viver". Lemos em Levítico 20.27, que "Quando, pois, algum homem ou mulher em si tiver um espírito adivinho ou for encantador, certamente morrerão; com pedras se apedrejarão; o seu sangue é sobre eles".

Em 2 Reis 21.6 diz que Manassés "(...) instituiu adivinhos e feiticeiros, e prosseguiu em fazer mal aos olhos do Senhor, para o provocar à ira". Ao contrário de Josias que "[extirpou] os adivinhos, e os feiticeiros, e os terafins, e os ídolos, e todas as abominações que se viam na terra de Judá e em Jerusalém (...) para confirmar as palavras da lei, que estavam escritas no livro que o sacerdote Hilquias achara na Casa do Senhor" (2 Rs 23.24).

Em 1 Samuel 28.3, Saul "tinha desterrado os adivinhos e os encantadores". Mais tarde, portanto, lemos que "(...) morreu Saul por causa da sua transgressão com que transgrediu contra o Senhor, por causa da palavra do Senhor, a qual não havia guardado; e também porque buscou a adivinhadora para a consultar" (1 Cr 10.13).

Em Atos 19.19, encontramos que muitos que se converteram a Cristo, em Éfeso, e destruíram todas as parafernálias que outrora usavam no ocultismo e na adivinhação: "(...) e, feita a conta do seu preço, acharam que montava a cinqüenta mil peças de prata [ou dracma, grifo do autor]". (Uma dracma corresponde a um denário que equivale a um salário diário.)

Na Bíblia, Deus condena categoricamente toda atividade espírita como pecado abominável contra Ele. Em Deuteronômio 18.10-12, o Senhor afirma categoricamente: "Entre ti se não achará (...) quem consulte um espírito adivinhante, nem mágico, nem quem consulte os mortos, pois todo aquele que faz tal coisa é abominação ao Senhor". Sejamos claros: Isso significa que as práticas espíritas de James Van Praagh, John Edward, Sylvia Browne, Char Margolis, e todos os outros médiuns paranormais da atualidade são abomináveis (eles são, literalmente, uma abominação) ao Senhor.

O estudioso Stafford Wright, em seu livro *Christianity and the Occult* (O Cristianismo e o Oculto), examinou todas estas passagens sobre o espiritismo no Antigo Testamento e chegou a seguinte conclusão: "Não há dúvida de que o Antigo Testamento proíbe qualquer tentativa de contato com os mortos. Esta é a verdade da lei, dos livros históricos e dos profetas. Existe algum motivo claro para que o Novo Testamento seja banido?"[1]

Pessoas Mortas não Estão Disponíveis para Contato Físico

Tratamos anteriormente neste livro sobre minha crítica ao fenômeno paranormal (capítulo 5), vimos que as pessoas que já morreram estão indisponíveis para fazer aparições na terra como se fossem fantasmas. Semelhantemente, os seres humanos estão indisponíveis para contato com o sobrenatural.

Na morte, o espírito dos crentes retira-se do corpo imediatamente e vai para a presença do Senhor no céu (2 Co 5.8; Fp 1.21-23). O espírito do não-crente retira-se do corpo e vai para um lugar de sofrimento, e é involuntariamente encerrado até ao futuro dia do julgamento (Lc 16.19-31; 2 Pe 2.9). O fato é que as pessoas mortas, sejam crentes ou não-crentes, estão restringidas em seus respectivos domínios, e Deus proíbe contato entre a terra e estes domínios (Dt 18.10,11).

A história do homem rico e de Lázaro, contada por Jesus em Lucas 16.19-31, esclarece bem isso para nós. O homem rico e Lázaro morreram e foram para a vida após a morte. O homem rico — um não-crente — estava sofrendo grande agonia. Ele queria entrar em contato com seus irmãos vivos e alertá-los. Todavia, isso não foi permitido. A comunicação entre mortos e vivos simplesmente não era permitido (Dt 18.10,11). Já que este é o caso, podemos conjeturar que se um médium está se encontrando com qualquer espírito de entidade de qualquer tipo, isto é um espírito demoníaco e não uma pessoa morta (veja 1 Tm 4.1-3; 1 Jo 4.1).

E a Respeito da Pitonisa de En-Dor?

Os médiuns e espíritas algumas vezes alegam suporte para suas práticas através das páginas da Bíblia. Eles geralmente mencionam a experiência do rei Saul com a médium de En-dor como uma prova que o espiritismo é aceitável (1 Sm 28).

O relato bíblico da médium de En-dor é relativamente controverso, e os cristãos manifestam diferentes teorias. Uma minoria acredita que a médium fez um milagre através de poderes demoníacos e verdadeiramente trouxe Samuel de volta da morte. Esta teoria é improvável, pois a Escritura também revela que a morte é o fim (Hb 9.27), que o morto não pode retornar (2 Sm 12.23; Lc 16.24-27), e os demônios não podem usurpar ou subjugar a autoridade de Deus acima da vida e da morte (Jó 1.10-12).

Uma segunda teoria é que a médium não trouxe realmente Samuel de volta da morte, mas um espírito demoníaco simplesmente personificou o profeta. Aqueles que sustentam essa teoria mencionam que certos versículos indicam que os demônios podem enganar as pessoas que tentam entrar em contato com os mortos (Lv 19.31; Dt 18.11; 1 Cr 10.13).

Satanás Pode Disfarçar-se de Pessoas Mortas

Anteriormente neste livro, em minha crítica aos espíritos e fantasmas (capítulo 5), vimos que Satanás "se transfigura em anjo de luz" (2 Co 11.14), ele realmente tem a habilidade de se passar por uma pessoa morta em uma casa mal-assombrada na forma de um fantasma. Da mesma forma que ele tem a habilidade de se fazer passar por uma pessoa morta que se comunica através de um médium paranormal. Ele é um falsificador perito. Vimos que ele tem sua própria igreja e profetas.

Da mesma forma, temos boas razões para suspeitar que Satanás imita pessoas mortas e engana os vivos através de médiuns como James Van Praagh, Sylvia Browne, John Edward e Char Margolis. Os demônios estão mais do que dispostos a se passarem por pessoas mortas para enganar 10 milhões de indivíduos e arrastá-los para longe de Jesus Cristo.

A Prova de Deuteronômio 13.1-3

Pelo fato de os médiuns e espíritos demoníacos serem tão enganosos, as Escrituras nos fornecem um extremo e importante teste para usarmos. Em Deuteronômio 13.1-3 diz: "Quando um profeta ou sonhador de sonhos se levantar no meio de ti e te der um sinal ou prodígio, e suceder o tal sinal ou prodígio, de que te houver falado, dizendo: Vamos após outros deuses, que não conheceste, e sirvamo-los, não ouvirás as palavras daquele profeta ou sonhador de sonhos". Isto significa que se um médium der uma correta predição acerca de alguns acontecimentos, mas que contradigam a Palavra de Deus e seus ensinamentos, então o que ele ou ela disser não pode ser da parte do Senhor, e deve ser rejeitado.

A visão geral dos ensinamentos paranormais prova que eles falham no teste de Deuteronômio 13.1-3, pelo fato de sustentarem uma visão antibíblica de Deus. Alguns sustentam uma visão panteísta de Deus ("tudo é Deus"). Alguns sustentam que Deus é uma mera força ou uma "inteligência infinita". Outros dizem que Deus é uma "divina energia" que está dentro dos seres humanos. Alguns reconhecem Deus o Pai, mas também deus a mãe. Sem contar com a visão antibíblica de Deus, os médiuns, sem exceção, têm uma visão antibiblíca de Jesus, o pecado, a salvação, e a vida após a morte (veja capítulo 8). Mesmo que os médiuns atuais, sem querer, façam uma predição correta do que verdadeiramente acontece, devemos, todavia, rejeitar os ensinamentos paranormais porque apresentam uma doutrina antibíblica.

Poderes Paranormais não Inatos

Ao contrário das alegações de muitos médiuns, os seres humanos não possuem uma habilidade paranormal inata. O texto de Atos 16.16-19, prova que os espíritas estão sempre relacionados com espíritos demoníacos. Nessa passagem, encontramos uma jovem que tinha um espírito de adivinhação. Quando o apóstolo Paulo expulsou o espírito da menina, ela perdeu todos os poderes paranormais. Se ela possuísse poderes inatos, eles não teriam desaparecido quando Paulo expulsou o espírito dela. O mesmo acontece com todos os médiuns de hoje. Eles não possuem poderes inatos como alegam que têm, mas sim entram em contato com espíritos demoníacos que potencializam qualquer habilidade que eles alegam possuir.

Os médiuns também estão errados em afirmar que os profetas bíblicos são dotados de poder inato. Chamado é diferente de poder (Am 7.14). Em todo o caso, Deus concede aos profetas uma direta revelação para falar as pessoas. É por essa razão que eles iniciam suas revelações com as palavras: "Assim diz o Senhor" (por exemplo, Ez 21.9). Os profetas nunca iniciaram as revelações que receberam de Deus e nem das suas visões. Antes, o Senhor escolheu seus profetas e deu a eles especial revelação para falar. Deus *iniciou* e os profetas *proclamaram* as verdades de Deus.

O Padrão de Avaliação dos Médiuns

Ao contrário do que os médiuns alegam, eles estão brincando com fogo quando contatam espíritos de entidades. Até mesmo os próprios médiuns e espíritas admitem maus espíritos de entidades ou "más energias". É por esta razão que eles tomam medidas para proteger a si mesmos.

Márcia Montenegro é uma ex-médium e ocultista que se converteu à fé cristã. Através de seus muitos anos de envolvimento no ocultismo, ela recorda os perigos:

> À medida que as habilidades desses escritores médiuns aumentam, suas experiências assustadoras também. Muitos desses amigos escritores e membros do ocultismo geralmente tiveram as mesmas experiências. Na verdade, é uma prática comum para os médiuns chamar de benevolentes forças protetoras ou visualizar "luz branca" (supostamente para proteção) antes de praticar uma

> técnica paranormal, fazendo uma leitura ou contato sobrenatural. Do que eles acham que estão se protegendo? Fazendo isso, os médiuns reconhecem a existência do mal ou seres nocivos, mas como eles sabem que estes seres não estão se disfarçando de espíritos bondosos ou de guias? O que a lei diz de uma luz branca ser um obstáculo para entidades más? Por que uma coisa como uma luz afastaria qualquer espírito? Talvez a má entidade esteja rindo todos estes anos até desta suposta "proteção" assim como alimentou falsas informações.[2]

Acho que Márcia acertou no alvo. Os médiuns estão sendo ludibriados por esses espíritos malignos, quem vem enganando pessoas por milhares de anos e sabem bem como se disfarçarem. O objetivo desses espíritos imitadores de pessoas mortas, é levar os vivos a acreditarem que eles não precisam ter medo da morte e que a morte é uma simples transição, e de que todas as pessoas — independente da religião que professam — atravessam o Outro Lado, e que elas precisam confiar em Cristo para a felicidade dos céus. Não cometa erros a respeito disso. Os poderes das trevas odeiam Jesus Cristo com um ódio impetuoso, e eles fazem de tudo que podem para iludir as pessoas a não acreditarem nEle.

Polícia e Médiuns

Às vezes ouço as pessoas dizerem que se a polícia e o FBI utilizam os serviços dos médiuns, então é porque devem ser corretos. Entretanto, essa não é uma conclusão sensata. Um ex-chefe negociador de reféns do FBI, Clint Van Zandt, observou — baseado em muitos anos de experiência — que a informação que geralmente vem dos médiuns a respeito de crimes é muito vaga. Eles geralmente dizem algo como: "Você encontrará um corpo próximo a uma grande poça de água". Esse tipo de informação inespecífica não é útil. Van Zandt diz que ele não está ciente de qualquer caso que tenha sido solucionado somente com base em informação fornecida pelos médiuns.[3]

Em muitos casos, a polícia procura pelos médiuns. Antes, as famílias das vítimas pedem a polícia para levar em consideração a consulta aos médiuns, e a polícia geralmente é forçada pelo interesse da família. Pelo fato de, atualmente, muitas famílias acreditarem em fenômenos paranormais, a polícia quase sempre é compelida a consultar médiuns na tentativa de resolver crimes.

Transes e Estados Alterados

Os médiuns paranormais geralmente entram em estado alterado de consciência quando se abrem para os espíritos no Outro Lado. Pesquisadores observaram que estados alterados de consciência podem levar a conseqüências prejudiciais. Na verdade, o estudioso cristão Kenneth Boa documenta um crescente número de relatórios a respeito de pessoas que têm sido prejudicadas por tais estados.[4]

Leon Otis do Instituto Stanford de Pesquisa documentou que alguns que atingem um estado alterado de consciência desenvolvem um aumento de ansiedade, confusão e depressão.[5] A gravidade desses sintomas foi diretamente relacionado com a duração de tempo que a pessoa ficou em estado alterado.[6] O pesquisador Gary Schwartz também percebeu que muito tempo de meditação — dentro do estado alterado — pode impedir o processo de pensamento lógico.[7] Um outro pesquisador, Arnold Ludwig, observou que "assim como uma pessoa entra ou está em EAC (Estado Alterado de Consciência), geralmente experimenta medo ou perda de seu controle".[8] Esses fatos já são suficientes para dissuadir as pessoas de esperar um aumento em suas habilidades paranormais, como os médiuns de horário nobre de hoje as incentivam fazer em seus livros.

Explorando o Enlutado

Lamento a atitude desrespeitosa de muitos médiuns de hoje que estão se aproveitando da vulnerabilidade do enlutado.[9] Quase todas as pessoas nos Estados Unidos experimentaram a dor de perder seus entes queridos na morte. Esse fato singular é o que contribui para imensa popularidade dos médiuns:

Eles alegam ser capazes de entrar em contato com esses mortos, e cobram entre 300 a 1500 reais por sessão. Lamentavelmente, os enlutados se preocupam com seus entes queridos, não importa o quanto isso possa custar. Os médiuns sabem disso, e ainda que eles aleguem que estão fazendo o que fazem porque querem ajudar as pessoas, essa ajuda custa 1500 reais por meia hora que parece, na melhor das hipóteses, falsas.

Conclusão

Fizemos quase uma viagem neste livro. Investigamos o mundo do ocultismo dos médiuns, espíritos e do paranormal. Nesse processo, analisamos cuidadosamente sobre os mais famosos médiuns do horário nobre — James Van Praagh, John Edward, Sylvia Browne e Char Margolis. Também examinamos seus métodos, ensinamentos e seu padrão de veracidade.

Focalizamos nossa maior atenção provando uma avaliação cristã de tal fenômeno. Esta avaliação serve para equipar cristãos de todas as idades — adolescentes, universitários, e adultos — para pensar biblicamente acerca destes problemas.

Você lembrará que no capítulo 1 estatísticas atuais indicam que 73% de adolescentes de nossa nação participaram de fenônemos paranormais. Sete milhões deles alegam que encontram espíritos de entidade, e dois milhões alegam que possuem poderes paranormais. Também descobrimos que entre os adolescentes freqüentadores de igreja, somente 28% dizem que têm sido ensinados a moldar seus pontos de vistas no mundo sobrenatural. Também descobrimos que uma grande porcentagem de estudantes assim como professores acreditam em fenômenos paranormais. Entre os adultos em nosso país, cerca de 38% — mais de um terço de todos os americanos — acredita que os espíritos de pessoas mortas podem voltar para nos visitar".[1] Tragicamente, por experiência própria, posso afirmar que muitos cristãos têm sido contaminados por idéias paranormais.

Enquanto estou escrevendo este livro, falei à igreja acerca dos perigos de envolvimento em fenômenos paranormais. Após o culto, fui informado de que um homem relativamente novo na igreja perdera sua esposa de câncer recentemente. Ele disse que outros cristãos na igreja estavam pretendendo que ele consultasse um médiun com a finalidade de se comunicar com a esposa morta. Que triste exemplo de falta de discernimento nas igrejas cristãs de hoje em dia!

Observei anteriormente neste livro que muitos cristãos podem consultar um médium paranormal porque eles acreditam que tais médiuns sejam cristãos. Lembre-se de que Sylvia Browne geralmente se refere a Deus, Cristo e ao Espírito Santo durante sua apresentação na televisão e alega fazer tudo que faz pela graça de Deus.[2] Do mesmo modo, o médium John Edward alega ser católico e sempre reza o rosário antes de cada e de toda leitura paranormal. Char Margolis afirma que sua habilidade paranormal é dada por Deus. O perigo é que muitos cristãos sem discernimento — e que necessitam de um conhecimento completo da Bíblia — possam acreditar em tais médiuns que se dizem cristãos, e sintam-se à vontade para utilizarem seus serviços. Eles não têm idéia do que estão fazendo, pois estão cometendo abominação diante de Deus (Dt 18.10-12).

Mais do que nunca, os cristãos precisam de discernimento acerca dos médiuns, espíritos e fenômenos paranormais. Minha esperança e oração é que este livro tenha realmente alcançado seu objetivo.

Para terminar, convido você a visitar meu website: www.ronrhodes.org. Nele, você encontrará um link intitulado: "A Verdade por trás dos Médiuns, Espíritos e Fenômenos Paranormais". Clicando nestes links, você encontrará uma lista cheia de artigos escritos por autoridades cristãs reconhecidas neste assunto. Isto é proporcionado a fim de que você possa ir mais além nos seus estudos e neste assunto de forma fácil e conveniente.

Que Deus o abençoe e o guarde!

NOTAS

Encontros Secretos com o Outro Lado

[1] Por exemplo, veja Leslie Rule, *Ghosts Among Us: True Stories of Spirit Encounters* (Kansas City: Andrews McMeel Publishing, 2004), p. 14; Hazel Denning, *Hauntings: Real-Life Encounters with Troubled Spirits* (Nova York: Barnes & Noble, 2000), pp.13,14; Editores da *USA Weekend*, *I Never Believed in Ghosts Until...* (Chicago: Contemporary Books, 1992), pp. 180-81.

Capítulo 1 — Paranormal: Uma Coisa Normal?

[1] Pauline Chiou, "Listening to the Voices of Ghosts", CBS News, 3 de Fevereiro de 2006.
[2] Marcia Montenegro, "I See Dead People", *Christian Research Journal*, vol. 25, nº 1, 2003,.
[3] Citado em John Ankerberg e John Weldon, *Cult Watch* (Eugene: Harvest House Publishers, 1991), p.249, suplemento adicionado.
[4] *The O'Reilly Factor*, 13 de Maio de 1999.
[5] Montenegro, "*I See Dead People*."
[6] Brian Farha, "Well, Larry —You've Done It Again", *Skeptical Inquirer*, 1 de Novembro de 2004, edição da Internet.
[7] Daniel Taverne, "Trends Acknowledge Psychic Abilities," *The American Chronicle*, 10 de Janeiro de 2006, edição da Internet.
[8] Roxana Hadadi, "Do You Believe In Ghosts?" *Diamondback Online News*, 3 de Fevereiro de 2006, edição da Internet.

[9] *Wikipedia*, s.v. "Parapsychology."
[10] David Kinnaman, "New Research Explores Teenage Views and Behavior Regarding the Supernatural," *The Barn Update*, 23 de Janeiro de 2006, edição da Internet.
[11] Ibid.
[12] Alex Vickroth, "Hunting B'more Ghosts," The*Johns Hopkins Newsletter*, 2 de Dezembro de 2005, edição da Internet.
[13] William Keck, "Lots of Life in 'Ghost Whisperer'", *USA Today*, 1 de Fevereiro de 2006, edição da Internet.
[14] Ibid.
[15] Kimberly Speight, "Creator of Ghost Whisperer Touched by Supernatural," *Chicago Sun-Times*, 30 de Dezembro de 2005, edição da Internet.
[16] Ibid.
[17] Ibid.
[18] Robert Dominguez, "Ghost World", *Nova York Daily News*, 21 de Agosto de 2005, edição da Internet.
[19] Ibid.
[20] Dan Burns, "Ghost Hunter Searches for the Paranormal," *LocalSource.com*, 22 de Dezembro de 2005, edição da Internet.
[21] Michael Acker e Miguel Juarez, "Local Ghost Hunter Stars in TLC Reality Series," *Tri-Town News*, 8 de Dezembro de 2005, edição da Internet.
[22] Stary Shaikin, "Ghost Trackers," *Calgary Sun*, 24 de Dezembro de 2005, edição da Internet.
[23] Dominguez, "Ghost World."
[24] Citado em "What's New in the Headlines," *Christian Research Newsletter*, Janeiro/Fevereiro de 1991, p. 3.
[25] Sylvia Browne, *Life on the Other Side* (Nova York: Signet, 2000), p. 6.
[26] Don Kaplan, "Bring Us Your Dead," *Nova York Post*, 14 de Dezembro de 2001, edição da Internet.
[27] Bill Hoffmann, "Psychic Reunites Sonny & Cher," *Nova York Post*, 30 de Abril de 1998, edição da Internet.
[28] Peter Carlin, "Maximum Medium," *People Weekly*, 9 de Março de 1998, edição da Internet.
[29] Richard Abanes, *Cults, New Religious Movements, and Your Family* (Wheaton: Crossway Books, 1998), p.39.
[30] "Jimmy Carter's Psychic Connection," *NewsMax.com*, 1 de Janeiro de 2006, edição da Internet.
[31] J.D. Prose, "Community Colleges Offer Unusual Courses," *Beaver County Times*, 30 de Janeiro de 2006, edição da Internet.
[32] "Boo! Britain Gets First Ghost School," *CHINAdaily*, 21 de Janeiro de 2006, edição da Internet .
[33] "Free Email Course on How to Develop Your Intuition," PR Newswire, 9 de Dezembro de 2005, edição da Internet.
[34] Andre Salvail, "Ghost Seminar Draws from Across the U.S.," *Aspen Daily News*, 19 de Novembro de 2005, edição da Internet.
[35] Scott Jason, "Hundreds Gather for Psychic Readings," *Chico Enterprise Record*, 13 de Novembro de 2005, edição da Internet.
[36] Misty Maynard, "Paranormal Weekend Materializes," *Maysville Online.com*, 19 de Janeiro de 2006, edição da Internet.
[37] Stephen Wagner, "The Scariest Games," *About.com*, Outubro de 2005, edição da Internet.
[38] "Radio Show Focuses on the Paranormal," TwinCities.com, 1 de Janeiro de 2006, edição da Internet.
[39] Press release on I — Newswire, 3 de Novembro de 2005, edição da Internet .
[40] Leslie Rule, *Ghosts Among Us* (Kansas City: Andrews McMeel Publishing, 2004), p. 174.
[41] "9/11 Victims Speak Out in New Book," PRWeb, 6 de Janeiro de 2006, edição da Internet.

Capítulo 2 — Entendendo o Encanto

[1] John Ankerberg e John Weldon, *Cult Watch* (Eugene: Harvest House Publishers, 1991), p. 267.
[2] Cathy Hainer, "Lessons for Living Are Heaven-Sent," *USA Today*, 19 de Março de 1998, edição da Internet.

[3] James Van Praagh, *Talking to Heaven* (Nova York: Signet, 1997), p.24.
[4] Ibid., p.25.
[5] Ibid., p.30.
[6] Hainer, "Lessons for Living Are Heaven-Sent:"
[7] Van Praagh, *Talking to Heaven*, p. 29.
[8] Sylvia Browne, *Life on the Other Side* (Nova York: Signet, 2000), p.34.
[9] Ibid., p.35.
[10] Ibid.
[11] Retta Blaney, "A Psychic Guru Prays the Rosary," *National Catholic Reporter*, 3 de Fevereiro de 2006, edição da Internet.
[12] Char Margolis website.
[13] Sylvia Browne website.
[14] Orville Swenson, *The Perilous Path of Occultism* (Canadá: Briercrest Books, 1987), p.14.
[15] Chris Ballard, "John Edward is the Oprah of the Other Side," *Jornal Nova York Times*, 29 de Julho de 2001, edição da Internet.
[16] Ibid.
[17] Randy Alcorn, *Heaven* (Wheaton: Tyndale, 2004), p.xxi.
[18] Browne, *Life on the Other Side*, p.2.
[19] Walter Martin, *The Kingdom of the Cults* (Minneapolis: Bethany House Publishers, 2003), p.264.
[20] James Van Praagh, *Heaven and Earth* (Nova York: Pocket Books, 2001), p.77.
[21] Grupo Barna, "New Research Explores Teenage Views and Behavior Regarding the Supernatural," 23 de Janeiro de 2006, edição da Internet.
[22] Ibid.
[23] Daniel Tavern, "Psychic: More than Myth," *The American Chronicle*, 28 de Novembro de 2005, edição da Internet.
[24] Van Praagh, *Talking to Heaven*, p.5.
[25] Van Praagh, *Heaven and Earth*, p.27.
[26] Revisão da *Talking to Heaven* by James Van Praagh, *Publishers Weekly*, 27 de Outubro de 1999, edição da Internet.
[27] Char Margolis website.
[28] Char Margolis, *Questions from Earth, Answers from Heaven* (Nova York: St. Martin's, 2000), p.26.
[29] Char Margolis, em *The O'Reilly Factor*, 13 de Maio de 1999.

Capítulo 3 — A Cartilha no Fenômeno Paranormal

[1] Ron Enroth, "The Occult," *Evangelical Dictionary of Theology*, Walter Elwell (ed.) (Grand Rapids: Baker, 1984), p.787.
[2] James Van Praagh, *Heaven and Earth* (Nova York: Pocket Books, 2001), p.78.
[3] John Edward, *One Last Time* (Nova York: Berkley Books, 1999), p.53.
[4] Sylvia Browne, *Life on the Other Side* (Nova York: Signet, 2000), p.3.
[5] James Van Praagh, *Talking to Heaven* (Nova York: Signet, 1997), p.46.
[6] Ibid., p.49.
[7] Ibid., p.51.
[8] "An Interview with Psychic and Medium James Van Praagh," *Mysteries Magazine*, 1 de Janeiro de 2005, edição da Internet.
[9] Sylvia Browne with Lindsay Harrison, *Phenomenon* (Nova York: Dutton, 2005), p.179.
[10] Elliot Miller, *A Crash Course on the New Age Movement* (Grand Rapids: Baker, 1990), p.141.
[11] Browne, *Phenomenon*, p.60.

[12] John Ankerberg e John Weldon, *Cult Watch* (Eugene: Harvest House Publishers, 1991), p.174.
[13] Ibid.
[14] Char Margolis, *Questions from Earth, Answers from Heaven* (Nova York: St. Martin's, 2000), p.196.
[15] Kenneth Boa, *Cults, World Religions, and You* (Wheaton: Victor Books, 1986), p.132.
[16] Jon Klimo, *Channeling* (Los Angeles: Tarcher, 1987), cap.2.
[17] Hazel Denning, *Hauntings* (Nova York: Barnes & Noble, 2000), p.209.
[18] Browne, *Phenomenon*, p.266.
[19] Van Praagh, *Talking to Heaven*, p.63.
[20] Boa, *Cults, World Religions, and You*; p.132.
[21] Van Praagh, *Heaven and Earth*, pp. 93,94.
[22] Browne, *Phenomenon*, p.67.
[23] Van Praagh, *Talking to Heaven*, p. 49.
[24] Browne, *Phenomenon*, p. 66.
[25] Van Praagh, *Talking to Heaven*, p. 50.
[26] George Mather e Larry Nichols, *Dictionary of Cults Sects, Religions and the Occult* (Grand Rapids: Zondervan, 1993), p.86.
[27] Denning, *Hauntings*, p.205.
[28] *Columbia Encyclopedia* s.v. "Spiritism."
[29] Browne, *Phenomenon*, p.29.
[30] Wikipedia, s.v. "Ghost."
[31] Browne, *Phenomenon*, p.124.
[32] John Ankerberg e John Weldon, "What Is the Historic Connection Between Halloween and Ghosts?" Ankerberg Theological Institute website.
[33] Van Praagh, *Heaven and Earth*, p.242.
[34] Van Praagh, *Talking to Heaven*, p.94.
[35] Van Praagh, *Heaven and Earth*, p.100.
[36] Kurt Koch, *Between Christ and Satan* (Grand Rapids: Kregel, 1972), p.112.
[37] Van Praagh, *Heaven and Earth*, p.103.
[38] Koch, *Between Christ and Satan*, p.107.
[39] Van Praagh, *Heaven and Earth*, p.103.
[40] Ibid., p.101.

Capítulo 4 — Supostos Fantasmas e Assombrações

[1] Sylvia Browne, *The Other Side and Back* (Nova York: Signet, 2000), p.160.
[2] Sylvia Browne, *Life on the Other Side* (Nova York: Signet, 2000), p.56.
[3] Leslie Rule, *Coast to Coast Ghosts* (Kansas City: Andrews McMeel Publishing, 2001), p. 92.
[4] Browne, *Life on the Other Side*, p.56.
[5] Browne, *The Other Side and Back*, p.160.
[6] Ibid., pp. 149,150.
[7] *Wikipedia*, s.v. "Ghos".
[8] Robbi Courtaway "Spirits Don't Frighten This Woman," *Kirkwood-Webster Journal*, 30 de Novembro de 2005, edição da Internet.
[9] Char Margolis, *Questions from Earth, Answers from Heaven* (Nova York: St.Martin's, 2000), pp.178-79.
[10] James Van Praagh, *Heaven and Earth* (Nova York: Pocket Books, 2001), p.242.
[11] Jamie Swift, "Ghost Hunters on the Prowl," *King County Journal*, 12 de Outubro de 2005, edição da Internet.
[12] Wikipedia, s.v. "Ghost:'

[13] Ibid.
[14] Stefanie Scarlett, "Area Woman Pens Tales of Girlhood Ghosts," *Fort Wayne Journal Gazette*, 14 de Janeiro de 2006, edição Internet
[15] Rule, *Coast to Coast Ghosts,* p.92.
[16] Ibid.
[17] Nancy Roberts, *Haunted Houses* (Guilford: Globe Pequot Press, 1998), n.p.
[18] Rule, *Coast to Coast Ghosts*, p.11.
[19] Van Praagh, *Heaven and Earth,* p.91.
[20] Alex Vickroth, "Hunting B'more Ghosts," *The Johns Hopkins Newsletter*, 2 de Dezembro de 2005, edição da Internet.
[21] Edward Eveld, "Ghost Hunting?" *Knight Ridder Newspapers*, 17 de Novembro de 2005, edição da Internet.
[22] Van Praagh, *Heaven and Earth*, p.90.
[23] Leslie Rule, *Ghosts Among Us* (Kansas City: Andrews McMeel Publishing, 2004), p.xv.
[24] Uma outra teoria que circula atualmente é que os *poltergeists* não são fantasmas, mas sim um fenômeno causado pelas mentes de adolescentes problemáticos. Sem perceberem o que estão fazendo, esta juventude afeta o ambiente e causam vários distúrbios.
[25] John Ankerberg e John Weldon, "What Is the Historic Connection Between Halloween and Ghosts?" Ankerberg Theological Institute website.
[26] Rule, *Coast to Coast Ghosts*, p.40.
[27] Sylvia Browne, *Phenomenon* (Nova York: Dutton, 2005), p.138.
[28] Denning, *Hauntings*, pp.13,14.
[29] *I Never Believed in Ghosts Until...* (Chicago: Contemporary Books, 1992), pp. 180,181.
[30] Vickroth, "Hunting B'more Ghosts".
[31] Ray Routhier, "On the Trail of Ghosts," *Portland Press Herald*, 30 de Outubro de 2005, edição da Internet.
[32] Jay Rath, "Paranormal: Beyond the Range of Normal Experience or Scientific Explanation?" *Wisconsin State Journal*, 31 de Outubro de 2004, edição da Internet.
[33] Ibid.
[34] Ibid.
[35] Andrea Hawn, "Finding Out for Herself Vienna Woman Researches the Paranormal," *The Southern*, 11 de Novembro de 2005, edição da Internet.
[36] Edward Eveld, "Ghost Hunting? It Helps to Know Where to Go," *Knight Ridder Newspapers,* 17 de Novembro de 2005, edição da Internet.
[37] Van Praagh, *Talking to Heaven*, p.95.
[38] Rule, *Coast to Coast Ghosts,* p.138.
[39] Ibid., p.194.
[40] Browne, *Life on the Other Side,* p.60.
[41] Ibid., p.61.

Capítulo 5 — A Verdade sobre os Fantasmas e Assombrações

[1] Meryl Corant, "Hunting for the Paranormal," 13 de Novembro de 2005 noticiário da WHSV TV edição da Internet.
[2] Wikipedia, s.v. "Ghost".
[3] Gilliam Bennett, "Seeing Ghosts: Experiences of the Paranormal," Folklore, 1 de Dezembro de 2004, edição da Internet.

[4] Citado em Michael Shermer, "Perspective on Space Aliens — We See What We Believe We See," Los Angeles Times, 26 de Junho de 1997, p. B-9.
[5] Ray Routhier, "On the Trail of Ghosts," Portland (MA) Press Herald, 30 de Outubro de 2005, edição da Internet.
[6] Byron Crawford, "Paranormal Pranks on Fisherville Family Left Them Spell bound," Louisville Courier Journal, 30 de Outubro de 2005, edição da Internet.
[7] Glenn Sparks, "Paranormal Depictions in the Media: How Do They Affect What People Believe?" Skeptical Inyuirer, 1 de Julho de 1998, edição da Internet.
[8] John Ankerberg e John Weldon, "What Is the Historic Connection Between Halloween and Ghosts?" Ankerberg Theological Institute website.
[9] Kurt Koch, *Christian Counseling and Occultism* (Grand Rapids: Kregel, 1972), pp.184,185, 188.
[10] Char Margolis, *Questions from Earth, Answers from Heaven* (Nova York: St. Martin's, 2000), pp. 34,35.
[11] Leslie Rule, *Coast to Coast Ghosts* (Kansas City: Andrews McMeel Publishing, 2001), p. 195.
[12] John Ankerberg e John Weldon, *Cult Watch* (Eugene: Harvest House Publishers, 1991), p. 176.

Capítulo 6 — Como os Médiuns Paranormais Atuam

[1] Kevin Todeschi, "James Van Praagh — Exploring the Other Side," *Venture Inward*, 1 de Junho de 2005, edição da Internet.
[2] James Van Praagh, *Talking to Heaven* (Nova York: Signet, 1997), p.193.
[3] Van Praagh, *Talking to Heaven*, p.111.
[4] Stephanie Schorow, "Spirited Discussion," *The Boston Herald*, 11 de Maio de 1998, edição da Internet.
[5] Dru Sefton, "Van Praagh: Steering the Mediumship," *Kansas City Star*, 17 de Maio de 1998, edição da Internet.
[6] John Edward, *After Life* (Nova York: Princess Books, 2003), p.4.
[7] John Edward, *One Last Time* (Nova York: Berkley Books, 1999), p.44.
[8] Edward, *After Life*, p.xvi.
[9] Ibid.
[10] Edward, *One Last Time*, p.44.
[11] Cathy Hainer, "Lessons for Living Are Heaven-Sent," *USA Today*, 19 de Março de 1998, edição da Internet.
[12] "Entrevista na TV com James Van Praagh," *Larry King Live*, 10 de Janeiro de 2003, transcrito da Internet.
[13] Susan King, "Messages from Beyond," *Los Angeles Times*, 28 de Abril de 2002, edição da Internet.
[14] Edward, *One Last Time*, p.43.
[15] Chris Ballard, "John Edward is the Oprah of the Other Side," *Jornal New York Times*, 29 de Julho de 2001, edição da Internet.
[16] John Edward, entrevista com *Teen People*, 1 de Março de 2002, edição da Internet.
[17] Edward, *One Last Time*, pp.45,46.
[18] Ibid.
[19] Ibid.
[20] Ibid.
[21] Ibid., p.51.
[22] Ibid., pp.45,46.
[23] Ibid.
[24] Catherine Crier, "Entrevista com o médium John Edward," *The Crier Report*, Fox News Network, 26 Maio de 1999, edição da Internet.
[25] Edward, *One Last Time*, p.78.
[26] Ballard, "John Edward is the Oprah of the Other Side".

[27] Sandra Barrera, "Self described 'Ordinary Guy' John Edward Links the Living and the Dead for Those Who Believe," *Los Angeles Daily News*, 3 de Setembro de 2002, edição da Internet.
[28] Michael Shermer, "Deconstructing the Dead," *Skeptic*, Agosto de 2001, edição da Internet.
[29] James Underdown, "They See Dead People—or Do They?" *Skeptical Inquirer*, 1 de Setembro de 2003, edição da Internet.
[30] Marisa Guthrie, "Psychic John Edward Challenges Viewers to Believe the Dead Just Can't Shut up," *The Boston Herald*, 24 de Agosto de 2001, edição da Internet.
[31] Kathy Cano Murillo, "Psychic Helps Others Discover Their Abilities," *The Arizona Republic*, 9 de Maio de 2005, edição da Internet.
[32] Sylvia Browne website.
[33] "Psychic Browne Sees through the Skeptics", *Las Vegas Sun*, 13 de Julho de 2001, edição da Internet.
[34] James Walker, "The Psychics," *Watchman Expositor*, vol. 14, nº 2, edição da Internet.
[35] "The Truth About Uri Geller," *Time*, 13 de Junho de 1988, p.72
[36] Harry Houdini, *A Magician Among the Spirits* (Alexandria, VA: Time-Life Books, 1991), p. 270.
[37] James Underdown, "They See Dead People—or Do They?"
[38] Michael Shermer, "How Psychics and Mediums Work," em *How We Believe: The Search for God in an Age of Science*, (Nova York: W.H. Freeman, 1999), n.p.
[39] Shermer, "How Psychics and Mediums Work".
[40] Underdown, "They See Dead People—or Do They?"
[41] Joe Nickell, "John Edward: Hustling the Bereaved," *Skeptical Inquirer*, Novembro/Dezembro de 2001, edição da Internet.
[42] Andre Kole e Terry Holley, *Astrology and Psychic Phenomena* (Grand Rapids: Zondervan, 1998), p.15.
[43] Kenneth Boa, *Cults, World Religions, and You* (Wheaton: Victor Books, 1986), pp.133-34.
[44] Walter Martin, *The Kingdom of the Cults* (Minneapolis: Bethany House Publishers, 2003), p.268.
[45] Martin, p.263.
[46] Marcia Montenegro, "I See Dead People," *Christian Research Journal*, vol. 25, nº 1, 2003, edição da Internet.

Capítulo 7 — Avaliando a Veracidade dos Médiuns Paranormais

[1] "Entrevista Exclusiva com James Van Praagh," *phenomeNEWS*, 1 de Maio de 2003, edição da Internet.
[2] "Entrevista Exclusiva com James Van Praagh".
[3] Bryan Farha, "Blundered Predictions in 2004," *Skeptical Inquirer*, 1 de Março de 2005, edição da Internet.
[4] *Wikipedia*, s.v. "Sylvia Browne".
[5] Roger Friedman, "TV Psychic Misses Mark on Miners," Fox News, 5 de Janeiro de 2006, edição da Internet.
[6] Shari Waxman, "Alleged Psychic John Edward Actually Gambles on Hope and Basic Laws of Statistics," *Salon*, 13 de Junho de 2002, edição da Internet.
[7] Michael Shermer, "Deconstructing the Dead," *Skeptic*, edição da Internet.
[8] Ibid.
[9] John Edward, *Crossing Over* (Nova York: Princess Books, 2001), p.245.
[10] Ibid., p.250.
[11] "Entrevista com Char Margolis," *Larry King Live*, 9 de Julho de 2004, transcrito da CNN edição da Internet.
[12] "A Herd of Psychics on Larry King," James Randi Educational Foundation website, 9 de Março de 2001.
[13] John Edward, *After Life* (Nova York: Princess Books, 2003), pp.85,86.
[14] James Van Praagh, *Talking to Heaven* (Nova York: Signet, 1997), p.59.
[15] Edward, *After Life*, pp.85,86.

[16] Waxman, "Alleged Psychic Actually Gambles.
[17] Edward, *After Life*, p.23.
[18] Edward, *Crossing Over*, pp.131,132.
[19] Ibid.
[20] Sylvia Browne, *The Other Side and Back* (Nova York: Signet, 2000), p.xxiii.
[21] Bryan Farha, "Sylvia Browne TV Psychic Sidesteps Challenges," *Skeptical Inquirer*, 1 de Novembro de 2003, edição da Internet.
[22] Sylvia Browne website.
[23] *Wikipedia*, s.v. "Sylvia Browne".
[24] Sylvia Browne website.
[25] Marcia Montenegro, "The Psychic: Can They Help You?" CANA website, publicado em 1 de Fevereiro de 2003.

Capítulo 8 — Doutrinas De Demônios

[1] Sylvia Browne, *Life on the Other Side* (Nova York: Signet, 2000), p.38.
[2] Norman Geisler, *Explaining Hermeneutics* (Oakland: International Council on Biblical Inerranry 1983), p.7.
[3] Gordon Lewis, *Confronting the Cults* (Phillipsburg, NJ: Presbyterian & Reformed, 1985), p. 137.
[4] Browne, *Life on the Other Side*, p.41.
[5] Robin Westin, *Channelers: A New Age Directory* (Nova York: Putnam, 1988), pp.91-93.
[6] Citado em Irvine Robertson, *What the Cults Believe* (Chicago: Moody Press, 1983), p.152.
[7] Sylvia Browne with Lindsay Harrison, *Phenomenon* (Nova York: Dutton, 2005), p.42.
[8] Norman Geisler, *Christian Apologetics* (Grand Rapids: Baker, 1978), p.187.
[9] Walter Martin, *The Kingdom of the Cults* (Minneapolis: Bethany House, 2003), p.289.
[10] Van Praagh, *Talking to Heaven* (Nova York: Signet, 1997), pp.42,43.
[11] Norman Geisler, Ronald Brooks, *Christianity Under Attack* (Dallas: Quest, 1985), p.43.
[12] Helen Schucman, *A Course in Miracles* (Nova York: Foundation for Inner Peace, 1992), 1:375.
[13] Jane Roberts, *Seth Speaks* (Nova York: Prentice Hall, 1972), p.89.
[14] Ramtha with D.J. Mahr, *Voyage to the New World* (Nova York: Faucett, 1987), pp.130, 149.
[15] Schucman, 1:32-33.

Capítulo 9 — A Verdade sobre a Vida após a Morte

[1] Sylvia Browne, *Life on the Other Side* (Nova York: Signet, 2000),p.51.
[2] "An Interview with Psychic and Medium James Van Praagh," *Mysteries Magazine*, 1 de Janeiro de 2005, edição da Internet.
[3] Review of Talking to Heaven, by lames Van Praagh. Publishers Weekly, 27 de Outubro de 1999, edição da Internet.
[4] "Uma Entrevista com o Paranormal e Médium James Van Praag."
[5] *Wikipedia*, s.v. Sylvia Browne.
[6] Browne, *Life on the Other Side*, p.95.
[7] Sylvia Browne with Lindsay Harrison, *Phenomenon* (Nova York: Dutton, 2005), p.204.
[8] James Van Praagh, *Talking to Heaven* (Nova York: Signet, 1997), p.44.
[9] Dru Sefton, "Van Praagh: Steering the Mediumship", *Kansas City Star*, 17 de Maio de 1998, edição da Internet.
[10] "Uma Entrevista com o Paranormal e Médium James Van Praagh."
[11] Cathy Hainer, "Lessons for Living Are Heaven-Sent," *USA Today*, 19 de Março de 1998, edição da Internet.
[12] Char Margolis, *Questions from Earth, Answers from Heaven* (Nova York: St. Martin's, 2000), p.54.

[13] "I Have Proof There Is Life After Death, Clairvoyant Claims," *San Antonio Express News*, 14 de Junho de 1998, edição da Internet.
[14] Sylvia Browne, *The Other Side and Back* (Nova York: Signet, 2000), p.24.
[15] Browne, *Life on the Other Side*, p.122.
[16] "Uma Entrevista com o Paranormal e Médium James Van Praagh."
[17] Van Praagh, *Talking to Heaven*, p.104.
[18] James Van Praagh, *Heaven and Earth* (Nova York: Pocket Books, 2001), p.183.
[19] John Edward, *One Last Time* (Nova York: Berkley Books, 1999), pp.158,159.
[20] Van Praagh, *Heaven and Earth*, p.126.
[21] Browne, *Life on the Other Side*, p.198.
[22] Ibid. p.207.
[23] Ibid., p.218.

Capítulo 10 — Aprimorando o Discernimento sobre os Médiuns Paranormais

[1] Stafford Wright, *Christianity and the Occult* (Chicago: Moody Press, 1971), p.112.
[2] Marcia Montenegro, "The Psychics: Can They Help You?" CANA website, publicado em 1 Fevereiro de 2003.
[3] Kevin Christopher, "Medium John Edward Hosts Sci-Fi Cable Show," *Skeptical Inquirer*, 1 de Setembro de 2000, edição da Internet.
[4] Kenneth Boa, *Cults, World Religions, and You* (Wheaton: Victor Books, 1986), p.163.
[5] James Hassett, "Caution: Meditation Can Hurt," *Psychology Today*, Novembro de 1978, pp.125,126.
[6] Citado em Vishal Mangalwadi, *When the New Age Gets Old* (Downers Grove: InterVarsity Press, 1993), p.82.
[7] Ibid., p. 81.
[8] Citado em Josh McDowell e Don Stewart, *Answers to Tough Questions* (Nashville: Nelson, 1994), p.83.
[9] "John Fdward: Psychic Phenomenon," *People Weekly*, 31 de Dezembro de 2001, edição da Internet.

Conclusão

[1] Grupo Barna, "New Research Explores Teenage Views and Behavior Regarding the Supernatural", 23 de Janeiro de 2006, edição da Internet; Roxana Hadadi, "Do You Believe In Ghosts?" *Diamondback Online News*, 3 de Fevereiro de 2006, edição da Internet; *Wikipedia*, s.v. "Parapsychology;" Pauline Chiou, "Listening to the Voices of Ghosts," CBS News, 3 de Fevereiro de 2006.
[2] Sylvia Browne website.

BIBLIOGRAFIA

Abanes, Richard. *Cults, New Religious Movements, and Your Family*. Wheaton, IL: Crossway, 1998.

Ankerberg, John, and John Weldon. *Cult Watch*. Eugene, OR: Harvest House Publishers, 1991.

Boa, Kenneth. *Cults, World Religions, and You*. Wheaton, IL: Victor Books, 1986.

Browne, Sylvia. *Life on the Other Side: A Psychic's Tour of the Afterlife*. Nova York: Signet, 2001.

_______ .*The Other Side and Back: A Psychic's Guide to Our World and Beyond*. Nova York: Signet, 2000.

_______ .*Phenomenon: Everything You Need to Know About the Paranormal*. Nova York: Dutton, 2005.

Denning, Hazel M. Haunrings! *Real-Life Encounters with Troubled Spirits*. Nova York: Barnes & Noble, 1996.

Edward, John. *After Life: Answers from the Other Side*. Nova York: Princess Books, 2003.

_______. *Crossing Over*. Nova York: Princess Books, 2001.

_______. *One Last Time: A Psychic Medium Speaks to Those We Have Loved and Lost*. Nova York: Berkley Books, 1999.

I Never Believed in Ghosts Until...100 Real-Life Encounters. Colecionado por editores da *USA Weekend*. Chicago: Contemporary Books, 1992.

Koch, Kurt. *Between Christ and Satan*. Grand Rapids: Kregel Publications, 1972.

_______. *Occult ABC. Grand Rapids*: Kregel, Publications 1986.

_______. *Occult Bondage and Deliverance*. Grand Rapids: Kregel Publications, 1972.

Margolis, Char. *Questions from Earth, Answers from Heaven*. Nova York: St. Martin's, 2000.

Martin, Walter. *The Kingdom of the Cults. Minneapolis: Bethany House*, 2003.
Parker, Russ. *Battling the Occult*. Downers Grove, IL: InterVarsity Press, 1990.
Rhodes, Ron. *The Challenge of the Cults and New Religions*. Grand Rapids: Zondervan, 2003.
______. *Find It Quick Handbook on Cults and New Religions*. Eugene, OR: Harvest House Publishers, 2005.
______. *The New Age Movement*. Grand Rapids: Zondervan, 2001.
Roberts, Nanry. *Haunted Houses: Chilling Tales from 24 American Homes*. Guilford, CT: The Globe Pequot Press, 1998.
Robertson, Irvine. *What the Cults Believe*. Chicago: Moody Press, 1983.
Rule, Leslie. *Coast to Coast Ghosts: True Stories of Hauntings Across America*. Kansas City: Andrews McMeel Publishing, 2001.
______. *Ghosts Among Us: True Stories of Spirit Encounters*. Kansas City: Andrews McMeel Publishing, 2004.
Ryerson, Kevin, and Stephanie Harolde. *Spirit Communication*. Nova York: Bantam, 1989.
Swenson, Orville. *The Perilous Path of Cultism*. Caronport, SK: Briercrest Books, 1987.
Van Praagh, James. *Heaven and Earth: Making the Psychic Connection*. Nova York: Pocket Books, 2001.
______. *Talking to Heaven: A Medium's Message of Life After Death*. Nova York: Signet, 1997.